领导智慧三千言

Ling Dao Zhi Hui San Qian Yan

晓山 编著

CCTP

中央编译出版社

Central Compilation & Translation Press

图书在版编目 (CIP) 数据

领导智慧三千言 / 晓山编著 . ——北京：中央编译出版社，2015.9（2023.9 重印）
ISBN 978-7-5117-2750-3

Ⅰ . ①领… Ⅱ . ①晓… Ⅲ . ①领导学－通俗读物 Ⅳ . ① C933－49

中国版本图书馆 CIP 数据核字 (2015) 第 194837 号

领导智慧三千言

选题策划	谭　洁
责任编辑	王媛媛
责任印制	刘　慧
出版发行	中央编译出版社
地　　址	北京市海淀区北四环西路 69 号 (100080)
电　　话	(010) 55627391（总编室）　　(010) 55627362（编辑室）
	(010) 55627320（发行部）　　(010) 55627377（新技术部）
经　　销	全国新华书店
印　　刷	佳兴达印刷（天津）有限公司
开　　本	710 毫米 ×1000 毫米　1/16
字　　数	104 千字
印　　张	18
版　　次	2015 年 9 月第 1 版
版　　次	2023 年 9 月第 3 次印刷
定　　价	68.00 元

新浪微博：@ 中央编译出版社　　**微　　信：**中央编译出版社（ID：cctphome）
淘宝店铺：中央编译出版社直销店（http://shop108367160.taobao.com）(010)55627331

本社常年法律顾问：北京市吴栾赵阎律师事务所律师　阎军　梁勤
凡有印装质量问题，本社负责调换，电话：010-55626985

目 录

前　言

　　众所周知，智慧并不只是知识的积累，而是知识的运用。智慧其实是分析判断、选择处理、发明创造的能力，还是睿智的目光、广阔的思维、洒脱的言行、理性的生活方式、辩证的处事原则。而领导智慧，则是指导领导者具有见微知著的眼光，能够对大局进行把握与掌控，拥有善于识人用人，勇于决策的胆略，以及举重若轻、化繁为简的手段和技巧。哈佛大学著名政治学学者大卫·葛根在《见证权力：从尼克松到克林顿的领导艺术》一书中曾经指出："智慧是正确决策、履行责任的根本，是领导力的源泉。"很显然，在领导活动过程中，具有较多的"知识"，仅仅是具备了履行领导工作职责的基本要求，而真正能够胜任领导职责，取得满意的工作成就，还必须拥有较高的智慧。因此，努力增进智慧应当成为领导者的不懈追求。事实上，每一位优秀的领导者都具有超凡脱俗的领导智慧，而不断丰富和修炼领导智慧是所有领导者提高素质和能力的有效途径。

基于此，笔者用数十年的时间，采用3000句的箴言、悟语的形式，对领导智慧进行了一些探索和归纳，也许对领导者有所启示和帮助。

本书与先前在中央编译出版社出版的《领导修养三千言》一书实为姊妹篇。需要说明的是，领导工作既是一个理论问题，更是一个实践问题，其精髓不仅在于知，更在于行。本书只是希望能在知与行之间架起一座桥而已。领导者要真正增长领导智慧，最为重要的是要在自己的实践中不断领悟、总结和提升。本书在撰写过程中也参考了一些文献资料，在此表示衷心的感谢和诚挚的敬意！

晓山

2015 年元月

第一辑　政治智慧

1. 善于用法治思维和法治方式想问题、做决策、干工作，无论深化改革、促进发展，还是化解矛盾、维护稳定；无论从严管党治党，还是深化作风建设，都应自觉坚持依法依规办事，把依法治国、依规治党的要求落到实处。

2. 必须坚持依法用权、秉公用权、廉洁用权，准确把握权力边界，按照法律法规履行职责，按照权力清单行使权力，坚决防止不作为、乱作为。

3. 始终牢记法律的天平任何时候不能倾斜，切实做到不因私利抛公义，不因私利废公事。

4. 任何时候都要自觉接受党和人民的监督，坚持以公开为常态、不公开为例外原则，习惯于在"聚光灯"下开展工作，确保权力在阳光下运行。

5. 刷新政治生态，既要扬清以彰正气，又要激浊以压邪气。

6. 只有政治生态涵养好了，正派的干部

才能直得起腰、动得起真、提得起劲。

7. 刷新吏治，关键是要破除"潜规则"，确立"明规则"，靠科学管用的制度机制把好干部选出来、用起来；必须把"认真"作为重要原则，把"三严三实"要求作为重要标尺。

8. 责任重于泰山，事业任重道远。

9. 对马克思主义的信仰，对社会主义和共产主义的信念，是共产党人的政治灵魂，是共产党人经受住任何考验的精神支柱。

10. 自觉遵守廉政准则，既严于律己，又加强对亲属和身边工作人员的教育和约束，绝不允许以权谋私，绝不允许搞特权。

11. 改革开放只有进行时没有完成时。

12. 自觉地恪守宪法原则，弘扬宪法精神，履行宪法使命。

13. 依法治国，首先是依宪治国；依法执政，关键是依宪执政。

14. 山无常势、水无常形，世界上并不存在适用一切国家的"普世"治理模式。

15. "治理体系"与"治理能力"是实现有效国家治理的"软""硬"件，二者相辅相成，缺一不可。

16. 历史文化传承、核心价值体系以及国民性格，在国家治理中发挥着"凝神聚气"作用。

17. 在推行国家治理现代化过程中，独立探索与开放借鉴应互为补充、并行不悖。

18. 没有重点就没有政策，重点不能泛化。

19. 没有问责，责任就落实不下去。

20. 严明政治纪律和政治规矩，绝不容忍结党营私、培植亲信、拉帮结派；对党忠诚，绝不允许自行其事、阳奉阴违；增强组织观念，坚决纠正个人主义、自由主义，严肃查处目无组织、欺骗组织、对抗组织行为。

21. 人无德不立，国无德不兴。

22. 不以利害义，也不因义废利。

23. 官德隆，民德昌，国家兴；官德毁，民德降，国家衰。

24. 原则之内讲感情，原则之外讲党性。

25. 坚持原则不退缩，敢作敢为不推诿，尽心竭力不懈怠。

26. 信念比黄金重要，立场比方法重要，监督比制度重要，做比说重要，集体比个体重要。

27. 越是思想活跃，越要旗帜鲜明。

28. 坚持信仰才能保持自信。

29. 不以私情废公事，不拿原则作交易。

30. 文化的背后是良心，政绩的背后是政德。

31. 用脚丈量民情，用心化解民忧。

32. 为政之道，以顺民心为本、以厚民生为本、以安而不忧为本。

33. 一个地方发展，最忌讳的是"新官不理旧事"，换一个领导换一套思路；最没有出路的是墨守成规，思想保守，不思进取。

34. 权力对贪婪者是一把自刎的利刀。

35. 权力是易碎品，不该碰的地方就绝对不能碰。

36. 权不在大，唯公则灵。

37. 心正，行必直。

38. 事事以权谋私，终被所累。

39. 权力一旦成为利益的靶标，就有被打倒的可能。

40. 宁可清平自乐，不可浊权多忧。

41. 权力有多大，风险就有多大。

42. 官衔是脸上的脂粉，并非自己的真正肤色。

43. 权力一经典当，即永不能赎回。

44. 花以芳香为美，权以清廉而贵。

45. 三思而后行，谋定而后动。

46. 受贿如同吸毒，绝不能有第一次。

47. 为腐败最终买单的只能是腐败者自己。

48. 索贿是向魔鬼借债。

49. 清廉是对自己负责，不是做给别人

看的。

50. 公为矛，锐不可当；廉为盾，坚不可摧。

51. 廉则夜夜平安，毫无敲门之惊；贪则日日煎熬，自有指脊之虑。

52. 有什么信念，就选择什么态度；有什么态度，就会有什么行为；有什么行为，就产生什么结果。

53. 责任比能力更重要。

54. 位高不擅权，权重不谋私。

55. 公款姓公，一分一厘都不能乱发；公权为民，一丝一毫都不能私用。

56. 敬业和奉公是领导者责任心的两大基石。

57. 讲原则而不空泛，讲具体而不琐碎。

58. 讲政治人民至上，求真理实践第一。

59. 与民同乐，民亦乐其乐；与民同忧，民亦忧其忧。

60. 治政之道在于安民，安民之道在于察其疾苦。

61. 顺历史而行，个人力量才能激活。

62. 一切大的政治错误没有不是离开辩证唯物论的。

63. 信仰和价值观是一个组织的灯塔和灵魂。

64. 要有党性，也要有个性。

65. 信念是支撑，方法是生命，团结是力量。

66. 信念激发潜能，思想创造奇迹。

67. 一个人有了信念，才有了前进的动力；一个人有了信念，才可以创造出奇迹。

68. 勤奋是为政之根，付出是成业之本。

69. 为政修德为先，修德重在忠诚。

70. 人心如秤，民意如镜。

71. 国民之魂，文以化之；国家之神，文以铸之。

72. 政兴在于得民心，政废在于逆民意。

73. 一身严正，鬼神亦敬。

74. 制度不能移植，凡是移植的制度都活不了。

75. 官德从来无根，却可树人；好书并非药品，但能治病。

76. 入则恳恳以尽忠，出则谦谦以自悔。

77. 官高不泯公仆心，位显愈添赤子情。

78. 敬畏权力者则权力敬畏之，亵渎权力者则必为权力所亵渎。

79. 善于从"包揽一切"向"总揽全局"转变；善于从主要依靠政策向主要依靠法律转变；善于从经验决策向科学、民主决策转变；善于从依靠硬办法向注重软方法转变。

80. 关系不能违背原则。

81. 公则不为私所惑，正则不为邪所媚。

82. 当官要公廉，亲情第一困难。世间多少仁义家事，看似无情却有真情；世间多少家庭悲剧，看似有情却又显无情。

83. 适度用权是一种游刃有余的大气，而非捉襟见肘的仓促；是一种从容不迫的成熟，而非急功近利的幼稚；是一种目光远大的驰骋，而非孤注一掷的盲动。

84. 为谁掌权，怎样认识和使用手中的权力，始终反映一个人的觉悟、品格和精神境界。

85. 权力一旦与资本相互勾结，必然异化为用本该保护公共资源的"大棒"去攫取"金元"。

86. 权力来源要有据；权力配置应合理；权力行使须有度；权力运行应有序；权力监督要有力。

87. 领导干部的权力来源于人民，掌握权力更多是一种责任，而不是一种个人价值的张扬。

88. 权力必须放在笼子里，必须晒在阳光下。

89. 为官者既不能把权势作为补偿自己努力和付出的战利品，也不能拿权势当作报怨和报德的工具，更不能因权势而放大自己的心理和人格缺陷。

90. 只有你把群众当亲人，群众才能把你当亲人；你把群众地位放得有多高，你在群众中的威信就有多高。

91. 人在干，天在看，老百姓心中有杆秤。

92. 改革不是改向，变革不是变色。

93. 保持战略清醒，增强战略实力。

94. 多接地气，就不会浮躁。

95. 战场上打不赢，一切都等于零。

96. 民意如流水，民心大如天。

97. 为政首要，敬天爱民。

98. 青年干部要健康成长需以理想指路，以素质强身，以勤奋成业，以修身立世。

99. 年轻干部既要志存高远，又要面对现实；既要修身立德，又要增长才识；既要务实苦干，又要讲究方法；既要谦虚谨慎，又要大胆工作。

100. 为政贵简，简在心纯，简在务本，简在尽心。

101. 着力培养坚定的信念、顽强的意志、理性的态度、豁达的心胸、平民的心

 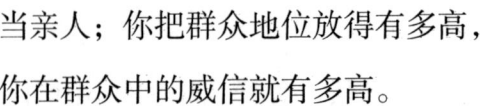

态五个方面的良好心理素质。

102. 树进取之心，立争先豪气；树责任之心，立发展勇气；明是非界限，养浩然正气；存包容胸怀，育仁厚和气。

103. 对群众要有深爱之情，对学习要有致用之道，对工作要有守土之责，对难题要有破解之策，对组织要有感恩之心，对利益要有澹泊之怀，对法制要有敬畏之意，对修身要有勤勉之志。

104. 坚持正确原则，切忌随波逐流；坚持与时俱进，切忌随遇而安；遵循客观规律，切忌随心所欲；坚守职业操守，切忌随世沉浮。

105. 得民心的诀窍是敬畏民、忠于民、为民行善、为民去恶。

106. 良法程序正义能够保护实体正义；恶法借口实体正义破坏程序正义。

107. 作风实则风气正，风气正则事业兴。

108. 为官之本在于为官一场、造福一方；为官之理在于讲奉献；为官之德在于清廉；为官之义在于明法。

109. 从政的扣子从一开始就要扣好。

110. 当干部就得怀为民之心、弘为民之德、具为民之能。

111. 歪风压不住，正气就上不来。

112. 用权不自在，人生方自在。

113. 名位利禄，皆为身外之物；品格事业，才是立身之本。

114. 两袖清风，心地安然何有敲门之惊；一身正气，胸怀坦荡自无指脊之虑。

115. 廉洁自律，才能永有"保护伞"；防微杜渐，方可永立"安全岛"。

116. 贪婪是事业的坟墓，腐败是人生的悲剧。

117. 廉洁是廉洁者的摇篮，贪婪是贪婪者的坟墓。

118. 做人旨在问心无愧，做官贵于清正廉洁。

119. 不勤，无以成就事业；不廉，难以凝聚人心；不正，焉能镇贪腐。

120. 贪图不义财物之时，葬送美好前程之始。

121. 安而不忘危，存而不忘亡，治而不忘乱，富而不忘贫，乐而不忘忧，成而不忘败，顺而不忘逆，甘而不忘苦，福而不忘祸。

122. 用权当如履薄冰，不慎乃殃；纵欲似饮鸩止渴，无节则殇。

123. 人民的咒骂，较死刑尤为痛苦；人民的歌颂，比金冕更为光荣。

124. 做事勤为径，做人善为本，做官廉为先。

125. 廉如清风常拂面，贪似毒药蚀灵魂。

126. 有权必有责，用权受监督，滥权要追究。

127. 只有培植科学理论之根，才能强固理想信念之本；只有用科学理论武装头脑，才能在复杂环境中正确把握形势，保持清醒头脑，抵御各种风险。

128. 漠视问题就是最大的问题，没有忧患

就是最大的忧患。

129. 一个好干部只有明大德、守公德、严私德，才能尽其才。

130. 深居"庙堂"，难免不知民生疾苦；作风飘浮，难免不悉祸起萧墙；"温室"论道，必然志大才疏。

131. 天时地利是发展的基础，持续的发展主要靠人和。

132. 民心所向者，势如破竹；民意所系者，下自成蹊。

133. 不贪才是宝，唯俭乃能廉。

134. 事拙全因利，人昏皆为贪。

135. 有"大德"，走"大道"，干"大事"。

136. 从来清白无遗祸，自古贪争有后殃。

137. 干部就是要干，战士就是要战。

138. 无私才能无弊，无弊才能为政公平。

139. 一正敌千邪。

140. 理正不怕官，心正不怕天。

141. 贪是诸恶之源，诚是万善之本。

142. 诚破天下伪，实破天下虚。

143. 没有发展，稳定难以持久；没有稳定，发展没有前提。

144. 优点成绩不讲跑不了，缺点错误不讲不得了。

145. 集体是力量的源泉，众人是智慧的摇篮。

146. 依靠群众，如鱼得水；脱离群众，如树断根。

147. 依靠群众是千里眼，脱离群众是睁眼瞎。

148. 心正路也正，心邪路也斜。

149. 上梁不正下梁歪，下梁不正塌下来。

150. 上面糊糊涂涂，下面麻麻杂杂。

151. 没有干部的清正就没有政府的清廉，没有干部的清正、政府的清廉，就没有社会政治的清明。

152. 政治要清醒，做人要清白，官德要清澄，目标要清楚，作风要清雅，思路要清晰，关系要清爽，生活要清淡，心理要清静，收入要清澈。

153. 勤政为要"见事见物":"见事",
就是要落实到一件件具体的事情上;
"见物",就是要体现到人民群众感
受到的实惠上。

154. 腐败是沉重的枷锁。

155. 官清民自安。

156. 一正无不正,一邪无不邪。

157. 上头偏一线,下面歪一片。

158. 不要见风就是雨,做事还是看民意。

159. 严是爱,宽是害,放纵不管是祸害。

160. 清廉无欲威望起。

161. 名为锢身锁,利是焚身火。

162. 志正则众邪不生,心静则众事不躁。

163. 廉者常乐无求,贪者常忧不足。

164. 贿随权生,祸从欲起。

165. 理想是指路的明星。

166. 思危才能居安。

167. 宁肯折断骨头,不能背弃信念。

168. 上无骄行,下无谄德。

169. 智者不为非其所为,廉者不为非其所有。

170. 基础牢则政权稳，基层治则天下安。

171. 信念失则妄念生，而妄念生则事业损、前程危。

172. 正以处心，廉以律己。

173. 明大德，铸牢理想信念；守公德，强化宗旨意识；严私德，锻炼意志品质。

174. 一代人有一代人的使命，每一任有每一任的职责，担当起该担当的责任。

175. 为民怎能不作为，务实更该在状态。

176. 清正廉洁才能刚正不阿，自己行得正才能敢担当。

177. 党内生活松一寸，党员干部队伍就散一尺。

178. 对领导干部而言，廉洁自律是"1"，其它是"0"；倘若"1"不存在，其它则均无意义。

179. 当干部就得勤于谋事、专心做事、大胆干事。

180. 让腐败者在政治上身败名裂，让腐败者在经济上倾家荡产。

181. 要有内心深处的政治坚定，始终认定
自己是党的人；要有实际工作中的政
治坚守，始终从政治上看问题；要有
至信至笃的政治坚毅，始终保持政治
定力。

182. 庸政懒政之害，不亚于贪污腐败。

183. 无功就是过，庸碌就是错。

184. 从政当忧百姓事，为官避事平生耻。

185. 权和钱，都含有致癌物。

 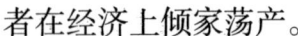

186. 有油水的地方，常常是最容易滑倒的
地方。

187. 畏危者安，畏亡者存。

188. 注重以"战略思维"谋全局，注重以"辩
证思维"解忧难，注重以"法治思维"
护公正，注重以"底线思维"定边界。

189. 以"公"为"道"，持"正"为"派"。

190. 大德之行，必有大治；大德既失，必
有大乱。

191. 官德先于民德，官风决定民风。

192. 没有德等于没有魂，魂不在，人难立、官难做、业难成。

193. 本事越大，本领越强，业绩越突出，越要讲党性、重品行、作表率，以德领才、以德润才，努力成为德才兼备的好干部。

194. 当干部既要守住法纪底线，更要筑牢道德屏障。

195. 法律是成文的道德，道德是内心的法律；法纪是行为底线，道德是行为高点。

196. 当干部，不能只有养家糊口、提职升迁的小追求，更要有服务国家、服务人民的大追求；不能纠结于失去一次机会、少拿一项荣誉的小牺牲，更要抱定为理想奋不顾身、为信念抛家舍业、献出自己的全部精力乃至生命的大牺牲；不能只讲工作累一些、收入低一些的小奉献，更要讲为党为民矢志奋斗、奋发有为的大奉献。

197. 始终要看重自己的气节、人格和名声，敬畏人民、权力和法纪，不可寡廉鲜耻，不可无所顾忌。

198. 永远要心存敬畏、手握戒尺，在工作上大胆，在用权上谨慎，用金箍棒自己给自己划个圈。

199. 不弃私心，必废公事。

200. 为官不易不能为官不为，遵守规矩不能无所作为。

201. 脱离轨道的卫星容易坠落，失去监督的权力必然走偏。

202. 小智善于治事，大智善于用人，睿智善于立法。

203. 名利不争多少，权力不争大小，位置不争先后，荣誉不争高低，待遇不争厚薄。

204. 要有登高望远的大气，要有既专又博的才气，要有勤思善悟的灵气，要有争先创优的志气，要有攻坚克难的勇气，要有扬善弃恶的正气。

205. 以权谋私一阵子，蒙羞悔恨一辈子；
声色犬马一阵子，声名狼藉一辈子；
人生在世一辈子，其实没有几阵子；
管好每个一阵子，幸福安康一辈子。

206. 历史教训不可忘，历史经验可借鉴。

207. 廉洁有益健康，腐败导致死亡。

208. 信念来源于实践，存在决定意识。

209. 为官若一味地弄权、敛财、贪色，必
将成为"魔鬼"；若是清廉勤政、无
私奉献、心系百姓，必将成为当之无
愧的"圣人"。

210. 真正的勇气来自铁一般的信念。

211. 信念创造奇迹。

212. 理想指引人生方向，信念决定事业
成败。

213. 为官当抑欲。

214. 思想水平在于看透和慎言。

215. 破一次规矩，就会留下一个污点；搞
一次特殊，就会丧失一份威信；谋一
次私利，就会失掉一片民心。

216. 讲党性、重品行是从政之魂；善谋划、敢担当是从政之要；纳群言、聚人心是从政之基。

217. 成由勤俭败由奢，千年古训；政尚清廉人尚朴，一世良方。

218. 最可怕的敌人，就是没有坚强的信念。

219. 一个人的绝对自由是疯狂，一个国家的绝对自由是混乱。

220. 面对大是大非敢于亮剑，始终保持政治上的清醒，坚守原则，做到"咬定青山不放松，任尔东西南北风"；面对矛盾敢于迎难而上，敢于涉险滩、破藩篱；面对危机敢于挺身而出，站得出来、豁得出去、顶得上去；面对失误敢于承担责任，"思其过，改其行"；面对歪风邪气敢于坚决斗争，敢抓敢管，不留情面，严厉整治不正之风。

221. "为大多数人谋幸福"的信仰是一面永不褪色的精神旗帜，是一座抵御诱惑的情感堡垒，更是一种护佑我们到达彼岸的精神力量；坚守信仰，我们将战无不胜。

222. 整个人生其实就是一幕信仰之剧。

223. 担当是一种境界追求、一种素质要求、一种人格修养，也是一种责任体现、一种行动自觉，还是一种勇气智慧、一种能力反映，更是一种拼搏意志、一种牺牲奉献。

224. 百姓口碑，干部金杯；群众意见，干部镜鉴。

225. 感情真一分，作风好一分。

226. 架好"天线"，勤观"天气"，坚持与上级组织保持高度一致；架好"地线"，多接"地气"，始终同人民群众保持血肉联系。

227. 增强"问题意识"是修养之基、成就之要、发展之需，必须以强烈的政治责任感直面问题，以深厚的知识沉淀分析问题，以务实的工作作风解决问题。

228. 任何时候，都不可闭目塞听而无视问题，也不可偏于一隅而敷衍问题，更不可安逸享乐而放纵问题。

229. 一个团队，需要主导力的方向掌握，也需要辅导力的众人拾薪。

230. 负责是一种正视自己的理性，也是敢于担当的勇气。

231. 作风就是战斗力，作风滋育战斗力。

232. 脑子里永远有任务，眼睛里永远有问题，肩膀上永远有责任，胸膛里永远有激情。

233. 只有坚持内心的原则，敢于对一切不良意图说"不"，才能保证两袖清风、廉洁奉公，做到真正的问心无愧。

234. 领导干部务实清廉，就会带动社会风清气朗；领导干部言行一致，就会带动社会诚实守信；领导干部拒斥浮华，就会带动社会不慕虚荣。

235. 只有制度执行到位，铁规才能发力，禁令才能生成。

236. 政治生态污浊，从政环境就恶劣；政治生态清明，从政环境就干净。

237. 权欲如同烈酒和毒药，很容易使人丧失理智。

238. 责任引领担当，担当支撑责任，责任体现了境界和品格，担当意味着勇气和意志。

239. 至孝者才能至忠，至孝者才能至善。

240. 拥有绝对真理，才能做到宽容；拥有绝对真理，精神上才有足够的时间和空间，才有真正的自由。

241. 令苛则不听，禁多则不行。

242. 国治则民安，事乱则邦危。

243. 反腐倡廉人人有责，拒腐防变人人都是剧中人。

244. 高薪未必能养廉，而低薪未必能保廉。

245. 人人头上都高悬着一把利剑，那就是公平、正义与法律。

246. 唯有敢于担当，才能无私无畏。

247. 历史是最好的教科书，也是最好的清醒剂。

248. 言多变则不信，令频改则难从。

249. 任何时候都应远离阴谋和暴力。

250. 兴必虑衰，安必思危。

251. 从谏兴，从佞亡。

252. 爱则民心顺，公则民心服。

253. 没有理想等于没有灵魂。

254. 领导决策力重在领方向、建愿景、定战略、选目标、明策略、寻路径。

255. 危急关头，只有领导干部"不急"，干部和群众才能应急。

256. 以敬畏之心对待群众，以公仆之身融入群众，以先进思想理论教育引导群众、宣传发动群众，以勤政之本造福人民。

257. 不打破利益固化的制度，就不可能实现社会公平。

258. 司法如果被权力干扰，会让公平正义很受伤。

259. 司法理当神圣，但不能神秘，司法越神秘，公平越难寻。

260. 老虎不打不死，苍蝇不拍不灭，腐败不会自动消失，放任不管只能愈演愈烈。

261. 反腐败问题上，不能只设"高压线"，关键得"通电"。

262. 权为民所用，纵然是清风两袖，自当流芳百世传佳话；利为己所谋，即便有众多豪宅，也会遗臭万年遭殃后人。

263. 坚持绝对忠诚的政治品格，坚持高度自觉的大局意识，坚持极端负责的工作作风，坚持无怨无悔的奉献精神，坚持廉洁自律的道德操守，永葆清正廉洁的政治本色。

264. 增强精神之"钙"，夯实党性修养之"基"，绷紧纪律之"弦"，清除作风之"弊"，凝聚道德之"魂"，筑牢自律之"堤"，直面监督之"镜"。

265. 廉贪一念间，荣辱两世界。

266. 常算"七笔账"："政治账"：公职没了，党籍没了；"经济账"：想得到更多反而失去更多；"名誉账"：身败名裂，丢人现眼；"家庭账"：幸福的家庭因贪婪而葬送；"亲情账"：众叛亲离，妻离子散或家破人亡；"自由账"：铁窗高墙相伴余生；"健康账"：痛心疾首，身心交瘁。

267. 清则正气充盈，廉则百毒不侵，洁则心静高雅。

 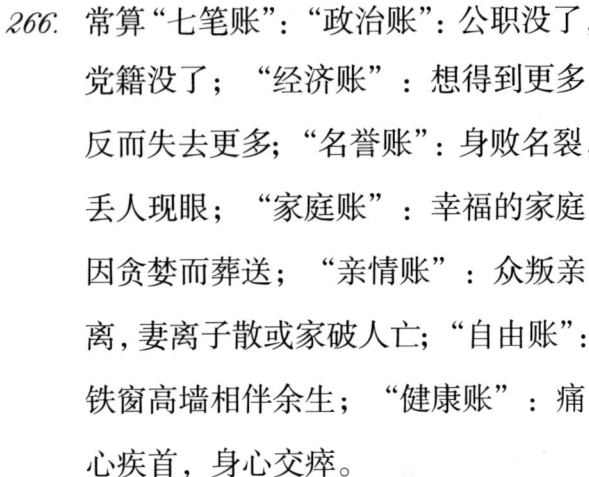

268. 为政贵在行，以实则治，以文则不治。

269. 位高不擅权，权重不谋私，用权不违规。

270. 警不在言，而在于严、在于行。

271. 严惩腐败，就是用准绳，使人知平直；用规矩，使人知方圆；用明镜，使人见高低、辨优劣。

272. 纵一恶则民怨皆沸腾，蔽一贪则生灵遭涂炭，掩一腐则肌体被侵蚀，容一邪则天平将倾斜。

273. 公道不公道，公开就知道。

274. 没有公开和透明，光明就会成为黑暗，神奇就会成为腐朽，正义就会成为浮云，承诺就会成为忽悠。

275. 最铁的是规律，最硬的是法律，最严的是纪律，最管用的是他律，最要紧的是自律。

276. 廉不言贪，勤不道苦。

277. 制度管人，文化管心；制度使人不能腐败，文化使人不想腐败。

278. 居安而念危，则终不危；操治而虑乱，则终不乱。

279. 没有伟大的信仰就没有远大的追求。

280. 任何重大的现实问题都深层地蕴含着重大的理论问题，任何重大的理论问题都源于重大的时代性的现实问题。

281. 胸怀大局，把握大势，着眼大事；因势而谋，应势而动，顺势而为。

282. 保持战略清醒是增强战略实力的前提，加强战略思维是增强战略实力的保证，提高战略能力是增强战略实力的关键。

283. 只有具有深邃思想和深刻理论，才会有坚定的理想信念，才会焕发出巨大的精神力量，才会散发出独特的人格魅力。

284. 清风凉自林谷出，廉洁源从自律来。

285. 廉政是人生航船安全到港的方向标，勤政是人生航船满载到港的动力源。

286. 政治上跟党走，经济上不伸手，生活上不丢丑。

287. 社会心态是改革发展的"风向标"、文化建设的"晴雨表"、社会稳定的"安全阀"。

288. 加强理论修养，真正掌握马克思主义的立场观点方法，坚持以理论联系实际的学风、与时俱进的态度学习和运用马克思主义；加强政治修养，增强政治信念的坚定性、政治立场的原则性、政治鉴别的敏锐性、政治忠诚的可靠性；加强道德修养，不断提高道德认识，陶冶道德情操，锻炼道德意志，提升道德境界；加强纪律修养，增强纪律观念，自觉在思想上、政治上、行动上同党中央保持高度一致；加强作风修养，坚决反对形式主义、官僚主义、享乐主义和奢靡之风，切实做到为民、务实、清廉。

289. 人才兴则事业兴，人才强则事业强。

290. 领导干部的政治品德的核心是忠诚，要坚持马克思主义信仰，坚持中国特色社会主义，政治坚定、思想纯洁，大是大非面前旗帜鲜明，与党中央保持高度一致；坚持党性原则，忠于党和人民的事业，高度负责、勇于担当；坚持党的宗旨，自觉联系群众、服务群众；坚持实事求是，讲实情、说实话、干实事、求实效。

291. 领导干部的职业道德的核心是公道正派，要树立正确的权力观、事业观、政绩观，恪尽职守，爱岗敬业，务实重干；做人公正，处事公平，待人公道；积极进取，锐意改革，勇于创新；秉公用权，严于律己，清正廉洁。

292. 领导干部的家庭美德的核心是挚爱情真，要善待孝敬老人，夫妻互敬互爱，关爱教育子女，与亲戚保持正常良好关系。

293. 领导干部的社会公德的核心是诚实守信，守信于心，守信于言，守信于行，言行一致，表里如一；维护社会和谐稳定，助推社会公益事业，勇于同社会不良现象作斗争，邻里之间和睦相处。

294. 对人民始终要有敬重之心、依恋之心、感恩之心、关爱之心。

295. 你对群众的感情有多真，你为群众服务就会有多真；群众在你心里有多重，你在群众心里就会有多重。

296. 权力是把"双刃剑"，为民则利，为己则害。

297. 既要接"天线"，更要接"地气"。

298. 腐败根源于人的劣根性，泛滥于权力不受制约。

299. 守法的政府最有效率，依法的官员才有威望。

300. 把担当的出发点放到为党尽责、为民造福上，而不是看风向、喊不着边际的空口号上；把担当的落脚点放到每一件小事、每一个具体问题上，而不是追求"规模效应"和"形象工程"上；把担当的着力点放到打基础、利长远、惠子孙上，而不是短期效益和轰动效应上。

301. 闭目塞听不可能强国富民，妄自尊大算不上雄心壮志。

302. 行大道，坚持立党为公、执政为民；行公道，坚持秉公用权、公平处事；行正道，坚持一身正气、廉洁清正。

303. 责任意识以忧患意识为前提，忧患意识激发人们明确自身的责任和担当；忧患意识以责任意识为归宿，忧患意识最终要落实为未雨绸缪、履职尽责的意识和行动。

304. 做老实人、说老实话、干老实事，严以修身、严以用权、严于律己，让群众信得过、忘不了，让党放心。

305. 做事先做人，律人先律己，用人先育人。

306. 治事先治政，治政先治吏，治吏先治心。

307. 做官莫贪钱，赚钱莫从政。

308. 位不在高，有为则名；权不在大，尽责则灵。

309. 有责要有为，有为才有位。

310. 干部不远离腐败，腐败便会消除干部。

311. 心中要确立亲民爱民为民的情怀，手上要慎用国家和百姓赋予的权力，脚下要踏着坚实厚重的大地。

312. 以心正为根基，以走正路为要旨，以干事担事为前提。

313. 忠要尽大忠，孝要行大孝。

314. 心中有公，天高云淡，阴霾遮不住彩虹；品行端正，大智若愚，浮沉闹市一身清风。

315. 凡事皆须务本，国以人为本，人以衣食为本。

316. 顺应民心，天下永固；背离民心，江山动摇。

317. 水清沙自洁，官闲弊自绝。

318. 公道达而私门塞，公义明而私事息。

319. 官员有任期，事业无止境。

320. 身上捆着名缰利锁，脑中想着进退离转，眼里盯着功名利禄，迟早会翻船落马。

321. 一思"为了谁"，增强责任意识，多办实事好事；二思"依靠谁"，增强忧患意识，自觉改进作风；三思"我是谁"，增强宗旨意识，争做人民公仆。

322. 需思官场吃喝一席宴，必耗民间半年粮。

323. 思想上松一寸，行动上就会散一尺。

324. 吏不廉平，则治道衰。

325. 官清则政善，政善则民安。

326. 要形式，不是形式主义；要简约，不要繁文缛节；要口碑，不要金杯银杯。

327. 政贵有恒，弛而不息，久久为功，善做善成。

328. 人民，是永远的江山；群众，是永恒的考官。

329. 应当该做什么做什么，不可想做什么做什么。

330. 以"如履薄冰"的谨慎之心对待小事，以"祸患积微"的忧患之心对待小节，侥幸心理不能有，权力运用不能乱，接受监督不能松。

331. 居高不移公仆之心，权大不忘责任之重。

332. 无功便是过，平庸就是错。

333. 治国先治吏，治吏先治腐，治腐先治心，治心先治欲。

334. 治人者必先自治。

335. 政简，才能风清。

336. 政风朴，民风厚；政风苛，民风争。

337. 平则虑险，安则虑危。

338. 忧民之忧者，民必忧其忧；乐民之乐者，民亦乐其乐。

339. 屋漏在下，知者在下。

340. 大纲不正，万目即紊。

341. 克己以济民，力行而不悔。

342. 节欲乃修身之要，爱民为永国之方。

343. 求实效而不为虚语，务力行而不责近功。

344. 官贪则不能望之以爱民，官愚则不能望之以治事。

345. 心思用在工作上，情感贴在民心上，作风拧在求是上，荣誉记在集体上。

346. 私心，让人威信扫地；贪心，让人立场错乱；妒心，让人丧失理智；偏心；

使团队内讧；疑心，使同伴离散；粗心，必然功败垂成。

347. 廉者，民之表也；贪者，民之贼也。

348. 源清则流清，行端则影直。

349. 政绩是最好的"钥匙"，组织是最可靠的"大树"。

350. 能吏寻常见，公廉第一难。

351. 行动并不来自于思想，而是来自于愿意承担责任。

352. 教育是国家的主要防御力量。

353. 忠诚是政治品格，干净是做人底线，尽责是职业素养。

354. 勇于创新不停步，行使权力不偏向，遵守纪律不走样。

355. 不担当，则无经世之事业；不摆脱，则无出世之胸襟。

356. 职务升迁只是领导干部成长的表象，心灵的转变才是领导干部成长的实质。

357. 居安思危，危变弱；防患未然，患能除。

358. 没有理想，就没有坚定的方向；而没有方向，就没有生活。

359. 腐败之祸猛于虎。

360. 腐败不但会吞噬改革的成果，而且将瓦解公众对改革的支持，引发激烈的社会冲突，成为终结改革的致命杀手。

361. 即使环境容易滋生腐败，法律也从来不保护腐败。

362. 桥归桥，路归路，腐败与政绩不可相抵。

363. 天下至德，莫大于忠。

364. 世界观、人生观、价值观是干好干坏的"总开关"。

365. 使命感、责任感、紧迫感是干多干少的"动力源"。

366. 防线、底线、红线是守护前程的"生命线"。

367. 一把手的"八大忌"：一忌"拉帮结伙"，二忌"揽功诿过"，三忌"表里不一"，四忌"朝令夕改"，五忌

"我行我素"，六忌"良莠不分"，
七忌"嫌贫爱富"，八忌"欺软怕硬"。

368. 把岗位当作考场，把行使权力当作
考试。

369. 忧国者不顾其身，爱民者不罔其上。

370. 人心不摇，邦本自固。

371. 信仰是石，能敲出生命的火花；信仰
是火，能驱散心灵的寒霜；信仰是星，
能引领前进的方向；人只要树立起坚
定的信仰，人生就会奏响动人的华章。

372. 以人为本，以财为末；人安则财瞻，
本固则邦宁。

373. 嗜欲之原灾，廉正之心生。

374. 廉者，政之本也。

375. 没有对历史的总结归纳，便不能有对
未来的把握。

376. 鞠躬尽瘁，死而后已。

377. 天下之事，务实为要。

378. 智者不为非其事，廉者不为非其有。

379. 欲影正者端其表，欲下廉者先立身。

380. 未雨绸缪才能防患于未然。

381. 上邪下难正，众枉不可矫。

382. 上严则下暗，下暗则上聋。

383. 一人不廉，全家不圆。

384. 不深化无以坚持，不坚持无以深化。

385. 靠实干办好实事，靠实干提升实效，靠实干做出实绩。

386. 没有崇高的理想就没有伟大的目标。

387. 锻炼党性修养，不当"政治糊涂人"；严守党纪国法，不当"政治自由人"；牢记使命担当，不当"政治局外人"。

388. 无农不稳，无工不富，无商不活，无兵不强。

389. 做官欲求福，还在清廉中。

390. 政治上守本分不偏方向，工作上守本分不乱章法，生活上守本分不丢形象。

391. 在学法上更加全面深入，切实做到先学一步、高出一筹；在尊法上更加坚定自觉，真正内化于心、外化于形；在守法上更加严格自律，时时处处以宪法法律为准绳；在用法上更加积极主动，养成遇事找法、办事依法、解决问题靠法的行为习惯，成为法治型领导干部。

392. "官""商"交往必须相敬如宾，守住法律、道德的底线。

393. 大公无私得人心，能避嫌者品自高。

394. 天下大德，莫过于忠。

395. 制度是最好的守望者，科学有效的制度，其实就是最稳定、最持久的环境。

396. 廉字必须内化于心，廉洁必须实化于行，廉政必须固化于制，倡廉必须强化于责任。

397. 信仰富有，才有矜持不苟、舍己为公的洁白朴素；信仰纯洁，方有"只见公仆不见官"的不懈斗志；信仰坚定，方有"富贵不能淫，贫贱不能移，威武不能屈"的浩然之气。

398. 利诱面前不动摇，金钱面前不动心，贿赂面前不伸手。

399. 简单做人，简洁为官，简捷行事，一副肝胆，两袖清风。

400. 为政贵简，简在心纯，简在务本，简在尽心。

401. 增强忧患意识，关键在于培养和运用辩证的思维方式，善于从太平中预见危机，从有利中发现不利，做到见事于初萌、防患于未然；在于始终具有责任意识和进取精神，不因矛盾和困难而怨天尤人、畏缩不前，敢于迎难而上。

第二辑　决策科学

402. 急事要稳断，刚事要柔断，特事要特断，可断可不断的不急于断，但乱事一定要当机立断。

403. 决策前要冷静沉稳，决策后要义无反顾。

404. 善于从劣势中看到优势，善于从危机中看到机遇，善于从落后中看到希望，善于从差距中看到潜力。

405. 遇事冷静，才能作出正确的选择。

406. 魄力绝对不是专横跋扈。

407. 研究当前的问题，必须服从于长远的发展目标；而研究长远的问题，又必须从现实出发。

408. 普遍存在的问题在方针政策上找原因，反复出现的问题要从发展规律上找原因。

409. 搞清楚真相之前，且慢做决定。

410. 变化的最佳时机是你想变的时候，而不是你不得不变的时候。

411. 目标具有统领作用。

412. 凡属重大事项，必须坚持"四不"决策：事先不充分论证不决策，到会班子成员不足三分之二不决策，会上班子成员不充分发表意见不决策，意见不集中一般不决策。

413. 没有"反对"，就没有决策。

414. 对已知的环境，做进一步想；对未知的环境，做退一步想。

415. 既谋一时，也谋万世；既谋一域，又谋全局。

416. 不怕一万，就怕万一。

417. 思考要理性，操作要感性。

418. 智慧愈寡，臆断愈多。

419. 抱最好的希望，作最坏的打算。

420. 欲思其利，必虑其害；欲思其成，必虑其败。

421. 量力而行则不竭，量智而谋则不困。

422. 当断不断，反受其乱。

423. 智者顺时而谋，愚者逆理而动。

424. 百虑而一致，殊途而同归。

425. 从全局看"形"，从长远看"势"。

426. 相时而动。

427. 只有看到变化，才能发现契机；只有适应利用变化，才能准确、迅速地完成目标。

428. 认清现状，有迹可循。

429. 大目标教人干事业，小目标教人过日子。

430. 目标太多就等于没有目标。

431. 如果改变不了不利的大局，洁身自好也是一种不错的选择。

432. 优柔寡断只会错失机遇。

433. 越是慌乱越不能胡乱做决定。

434. 一次关键性的选择比十次努力更重要。

435. 若要正确地看各种事物，有个唯一的方法，即观察事物的整体。

436. 回顾得越远，可能前瞻得越远。

437. 透过现象看本质，研究变化观趋势。

438. 视野有多宽，站位就有多高，谋事就有多远。

439. 走一步能看三步，看清三步再走下一步。

440. 决策事情要统筹全局，实施要沉稳
持重。

441. 谋贵众，断贵独。

442. 善于舍弃复杂表象，直指问题本质。

443. 放弃独立思考，是一切不幸的核心。

444. 抉择一定要放在努力的前面。

445. 选择比努力更重要。

446. 俯下身子搞调研，静下心来想问题。

447. 既要远望千里，又要近看眼前。

448. 远期目标应高而弥散，近期目标应实
而聚焦。

449. 事前想得清，事中不折腾。

450. 没有魄力，会优柔寡断；缺少智力，
会独断专行。

451. 众志之多疑，不如一夫之独决。

452. 领导拍板三策："火候"不到不拍板，
以免"拍走板"；该拍板时要拍板，
以免"黄了板"；"板"定法随敢"打
板"，以免"空拍板"。

第三辑　用人规律

453. 干部业绩在实践，干部声名在民间。

454. 公道正派选人用人，不为人情关系所缚，不为个人得失所困，不为跑官要官者说情打招呼；公道对待干部，公平评价干部，公正使用干部。

455. 用人导向是最大的导向，用人成功是最大的成功，用人失误是最大的失误。

456. 寻觅人才求贤若渴，发现人才如获至宝，举荐人才不拘一格，使用人才各尽其能。

457. 急难问题看水平，险重问题看能力。

458. 最合适的人选　就是最佳人选。

459. 扬长才能避短，补短才能扬长。

460. 不要用一把尺子去量所有的人。

461. 顺境能看出一个人的心志高低，逆境能看出一个人意志的坚强与否。

462. 以事择人，用当其时，用其所长。

463. 治党治国之要，首在选人用人。

464. 小材大用，大材小用，都不是理想的用人。

465. 选什么人就是风向标，用一贤人群贤
毕至，见贤思齐就蔚然成风。

466. 能否见微知著、防患未然，善于发现
问题、正视问题、解决问题，检验着
领导干部是否具备担当的能力素质。

467. 要堵绕舌者之利口，善壮实干家之
声色。

468. 干部好不好，群众是主考。

469. 上级欣赏、下级佩服的领导干部，其
实就是优秀干部。

470. 不用良才者，必然用奴才；不信忠言
者，必然信诡言。

471. 量才而用，量入而出。

472. 人尽其用，量才器使。

473. 在困难逆境中看意志，在挑战考验中
看本领。

474. 好人主义培养不出好干部，要求不严
造就不出好人才。

475. 用人所长，天下无不用之人；用人所
短，天下无可用之人。

476. 先要知己，才能知人。

477. 用人不能小马拉大车。

478. 炼成党和人民需要的好干部，离不开好制度的规范，离不开好作风的引领，离不开好环境的熏陶，离不开好榜样的示范，更离不开群众的支持、帮助、监督和评判。

479. 万物成熟自有规律，揠苗助长则欲速不达。

480. 看人交友，便知其人"品格"高下；闻其言论，便可断其"趣味"所在。

481. 听言不如观事，观事不如观行。

482. 言过其实，不可大用。

483. 用人必考其终，授任必求其当。

484. 敢于挑战压力的人才值得培养。

485. 领导重在用人，用人重在激励，激励重在凝聚。

486. 让奋斗者有舞台，让奉献者得回报，让困难者享关爱，让清廉者受敬重，让违纪者被惩处。

487. 有大略者，不可责以捷巧；有小智者，不可任以大功。

488. 役其所长，则事无废功；避其所短，则世无弃材。

489. 观其行看其追求，听其言识其心态，闻其誉察其品行，析其能辨其才华。

490. "贤者在位，能者在职"，知人善任则兴，知人不任则衰。

491. 论大功者不录小过，举大美者不疵细瑕。

492. 长处看七分，短处看三分。

493. 以德修身，以德服众，以德领才，以德润才，德才兼备。

494. 对能人第一是要用，第二是要管，第三是要养，这样就能拥有更多的能人。

495. 要具备敢于和善于使用强者的胆量和能力。

496. 下属比自己强大并不丢人，因为发现和培育人才是领导的重要职责。

497. 为政之要，唯在得人；用非其才，必难致治。

498. 大道为公，以能而授。

499. 用贤则理，用愚则乱。

500. 志大心劳，力小任重，恐终坏事。

501. 欲当大任，须是笃实。

502. 对于能力超过自己的人，要热情扶持，
大胆使用；用当其时，以用为本。

503. 用人，存于求其所长，而不存于求其
完美。

504. 有大略者不问其短，有厚德者不问
小疵。

505. 自信是承受大任的第一条件。

506. 德不优者，不能怀远；才不大者，不
能博见。

507. 德才兼备，提拔重用；有德无才，难
当重任；有才无德，以齐其奸。

508. 生材贵适用，幸勿多苛求。

509. 有才而性缓，定属大才；有智而气和，
斯为大智。

510. 要使一个人显示他的本质，叫他承担

一种责任是最有效的办法。

511. 创业时重才，守成时重德。

512. 妒忌心强的人不能委以重任。

513. 既要有识人的眼光，也要有荐人的担当。

514. 想法、说法、办法是能力高低的"三级跳"。

515. 马行驯而后求良，人先信而后求能。

516. 无德不贵，无能不官。

517. 不以人所短弃其所长。

518. 器必试而后知其利钝，马必驾而知其驽良。

519. 宝贝放错了地方，就是废物。

520. 有德无才要误事，有才无德要坏事。

521. 欲知其人，观其所使。

522. 路遥知马力，日久见人心。

523. 尺有所短，寸有所长；物有所不足，智有所不用。

524. 宰相必起于州部，猛将必发于卒伍。

525. 国之兴，在于得人；国之亡，在于失人。

526. 为政之道，任人为先。

527. 外举不避仇，内举不避亲。

528. 没有永久的人才，也没有永久的人才观；要适应时代需要选拔人才，选拔时代需要的人才。

529. 环境好，则人才聚、事业兴；环境不好，则人才散、事业衰。

530. 致天下之治者在人才，成天下之才者在教化。

第四辑　管理学问

531. 必须使人佩服，才能做到说服。

532. 小胜靠才，中胜靠德，大胜靠道。

533. 心态乱则方寸乱，方寸乱则一切都乱。

534. 长计划，短安排；以长定短，以短保长。

535. 处理问题，该一刀切时要果断地一刀切，不该一刀切时切忌一律一刀切；要生动活泼，不要机械呆板；要把原则性体现到灵活性之中，这样的原则性更强、更符合实际。

536. 对复杂的问题，尽量寻求简单的办法去处理；看似简单的问题，千万不可简单从事。

537. 前怕狼，后怕虎，那就什么事情也做不成。

538. 自己能解决的问题，不要上交；需要协调解决的，主动去协调各方；自己解决不了的，要提出切实可行的解决方案，请上级帮助解决。

539. 质量里面有效率，效率里面有质量；没有效率也不会有质量，没有质量更谈不上效率。

540. 急事要缓办，缓事要急办。

541. 一分布置九分落实，不落实就会落空。

542. 制度的生命力在执行，执行的要害在严格。

543. 互相补台，好戏连台；互相拆台，一起垮台。

544. 站得直，走得正，才让众人信服。

545. 目标就是力量。

546. 以身作则，才能领导他人。

547. 以德立威，以廉生威，以才增威，以绩树威，以勤补威，以诚取威，以公助威，以和养威，以情育威。

548. 专听生奸，专任成乱。

549. 高度决定速度，角度决定长度。

550. 给能力强的下属挑战性的工作，使他更加能干，并感激上司对他的信任和重用。

551. 一旦决定了目标，就应用最大的努力，把百分之五的希望，变为百分之百的现实。

552. 要有想干的意识、敢干的气魄、真干的功夫、能干的本领。

553. 凡事都要有度，一切都要适可而止。

554. 当决定正确的目标之后，就要义无反顾地去做。

555. 遇事不知变通，最终会陷入困境。

556. 被教条左右的人，最容易陷入麻木的空间。

557. 为事应"谦"，处事应"实"，做事应"勤"，看事应"运"，想事应"宽"。

558. 汇报工作谈结果，请示工作备方案，总结工作讲流程，交接工作不藏私，回忆工作找方法。

559. 没有足够的器量，便没有做大事的规模。

560. 敏感地识别事态，镇定地面对事态，有效地处置事态，是处理突发事态的三大要诀。

561. 认真地操作，积极进取，保持斗志的

昂扬；淡泊地了结，宠辱不惊，维护
心境的平和。

562. 善疏则通，能导必安。

563. 有主见方有魅力，有决断才有魄力。

564. 如果目标是灯塔，那么计划就是航线。

565. 重点关注异常，正常事务制度化。

566. 把事情交给忙碌的人，因为其明白时间的珍贵，所以做什么事情都很利落。

567. 不能管理时间，便什么也不能管理。

568. 实干才能脱颖而出。

569. 急则用威，缓则用德。

570. 一个人具备多少能力，不只是他一个人的时候能做什么，还要包括他能通过别人做什么。

571. 不懂得如何让别人做事，等于不懂得如何生存。

572. 看事情太明白，往往就失去了做事的勇气。

573. 干一寸胜过说一尺。

574. 每个人都有人格尊严，管理要从尊重人开始；每个人都有生存和发展的欲望，管理要从满足欲望开始；每个人都有虚荣心理，管理要从引导入手以激发工作热情；每个人都想出人头地，管理要给人以机会和平台。

575. 善于抓住突出问题，勇于直面敏感问题，认真研究新问题，扎实解决老问题。

576. 每一件事都要从多方面的角度去看它。

577. 心态好，行为就好；行为好，结果就好。

578. 形态好，印象就好；印象好，人缘就好。

579. 状态好，激情就好；激情好，感染力就好。

580. 量大好做事，树大好遮荫。

581. 说过的话不要推翻，做了的事不要中断。

582. 事前要心细，事中要胆大。

583. 无事时要提防，有事时要镇定。

584. 冷静的人大事变小，冲动的人小事变大。

585. 瓶颈之时要谨慎，艰险之时要坚强。

586. 开口之前要思考，做事之前要准备。

587. 看问题要全面看，干工作要认真干。

588. 小事当作大事做，轻担要当重担挑。

589. 有心无力事难成，有力无心白折腾。

590. 事情越紧急，越要沉住气。

591. 敢闯而不瞎闯，敢干而不盲干。

592. 避免差错要瞻前顾后，考虑效果要思前想后。

593. 具体情况具体分析，特殊问题特殊处理。

594. 智欲圆而行欲方，胆要大而心要细。

595. 争取时间就是争取一切。

596. 功不滥赏，罪不滥刑。

597. 高尚的竞争是一切卓越才能的源泉。

598. 竞争是一切事物的源流和主宰。

599. 绝大多数误解是由沟通不够造成的。

600. 有备则制人，无备则制于人。

601. 兼听则明，偏听则暗。

602. 敢干是英雄，能忍是贤哲。

603. 先理后管，多理少管。

604. 不干，半点马克思主义都没有。

605. 抓而不紧、抓而不实、抓而不常，等于白抓。

606. 简单事不争吵，复杂事不烦恼，发火时不讲话，生气时不决策。

607. 不忘本来才能开辟未来，善于继承才能更好创新。

608. 打鼓打到重心处，工作抓到点子上。

609. 心有多大，世界就有多大。有大心量之人，方能铸造大格局；有大格局者，方能够成就大气候。

610. 顺理而举，易为力；背时而动，难为功。

611. 无情的制度，有情的管理，情理交融、刚柔相济，应是领导者追求的境界。

612. 柔而不弱，刚而不折，方圆并用，刚柔兼备。

613. 善于把复杂问题简单化，善于把简单问题深刻化。

614. 不多事，不废事，斯能任事。

615. 领导水平在于授权和示范。

616. 办事水平在于稳妥和完美。

617. 开会水平在于协调和定夺。

618. 操作水平在于精确和实效。

619. 不论有多么正当的理由，怒火攻心永远是一种失败的表现，绝对属于消极的精神现象，绝对只能导致丢人现眼的结果。

620. 提升抓落实的质量，必须搞好整体谋划，着眼解决具体问题，做好结合文章。

621. 忙中不说错话，乱局不看错人，复杂不走错路。

622. 话多了只会招来困窘，默默地做出成绩来最重要。

623. 要想好好解决问题，就一定要保持镇静。

624. 哪里有思想，哪里就有威力。

625. 思虑应周到，语言需得当，行为要公正。

626. 拖延是最误人的习惯。

627. 处事最当熟思缓处，熟思则得其情，缓处则行其当。

628. 虑事周密，处心泰然。

629. 孤则易折，众则难摧。

630. 处有事当如无事，处大事当如小事。

631. 实处着脚，稳处下手。

632. 行事不可任心，说话不可任口。

633. 勿烦勿乱，和乃自成。

634. 宽严得宜，恩威并用。

635. 目标没有目的重要，效率没有效果重要，成本没有价值重要。

636. 目的决定目标，目标决定途径，途径决定对策。

637. 沟通是手段，认同是目的，沟通旨在实现干部和群众对决策的理解、认同和支持。

638. 谋于前才可不惑于后。

639. 专擅则狭隘，狭隘则离散，离散则困窘；协力则广博，广博则通畅，通畅则能成功。

640. 登高望远才能心明眼亮。

641. 哲学虽无小用，但有大用；哲学虽无浅用，但有深用；哲学虽无近用，但有远用。

642. 哲学是明白学、智慧学，学懂了哲学，脑子就灵，眼睛就亮，办法就多。

643. 能整合别人，说明你有能力；被别人整合，说明你有价值。

644. 不变的是原则，万变的是方法；路线只有一条，方法却有百千。

645. 站在对方角度思考，才能真正沟通。

646. 打动人心的最佳方法，是谈他最珍贵的东西。

647. 批评和表扬应结伴而行。

648. 对事的协调以理为主，对人的协调以情为主；事与人交织，以人为主。

649. 随方就圆便可减少阻力。

650. 有才无德的人是最危险的，要警惕有能力而又奉承你的人。

651. 引而不发最有威力。

652. 以力服人只能使人慑服，以才服人可以使人折服，而以德服人则使人心服。

653. 以德服人，以情感人，以智赢人，以形悦人，以己正人。

654. 掌声、歌颂未必真帮忙，批评、反对不一定都添乱。

655. 一个人想平凡，阻拦者很少；一个人想出众，阻拦者良多。

656. 理直才能气壮，正己方能正人。

657. 以势服人口服，以理服人心服。

658. 有理不在先后，是非自有公论。

659. 厚云才能下大雨，真理才能说服人。

660. 以力服人者霸，以德服人者王。

661. 在一件事情上负有多大责任，意味着自己在这件事情上有多大的影响力。

662. 妥协是为了更"妥"。

663. 没有沟通就没有管理。

664. 相互尊重、平等相待，是进行沟通的前提；虚心坦诚、开放包容，是深入沟通的根本；达成谅解、凝聚共识，是有效沟通的标志。

665. 理念需要附着于实力，没有实力的理念注定为虚妄；实力亦需理念指引，没有理念的实力必定会迷失。

666. 用职权管人不是本事，通过人格服人才是本事；颐指气使不是本事，"不令而从"才是本事；用惩罚使人害怕不是本事，凭魅力赢得追随才是本事；自己有本事不是本事，让有本事的人为己所用才是本事。

667. 赞美得越具体，效果越显著。

668. 大权紧抓不放，小权及时分散。

669. 开局需先圆后方。

670. 立威需近圆远方。

671. 处事需方圆兼顾。

672. 协调需小圆大方。

673. 定局需上圆下方。

674. 抓好"大事"则事事都得到治理，事半功倍；样样都管，而事事荒废，事

 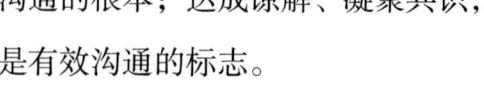

倍功半。

675. 绝对的信任带来危机；应该在信任的同时，也不忘进行监督。

676. 不施霹雳手段，难显菩萨心肠。

677. 目标先于过程，目标重于过程，过程服从目标，目标决定过程。

678. 懂团结是大智慧，会团结是大本事，真团结是大境界。

679. 越秀越失败。

680. 没有教导就没有创造。

681. 喊破嗓子不如做出样子，一打纲领不如一个行动。

682. 风清则气正，气正则心齐，心齐则事成。

683. 做事不可应付，做人不可对付。

684. 逆水行舟，一蒿不可放缓；滴水穿石，一滴不可弃滞。

685. "出众"才能"服众"。

686. 互相批评利于人，检讨错误利于事。

687. 同频共振，同质相吸。

688. 纳众言方能得人心，得人心方能得人智，得人智方能成大事。

689. 只有善于借用下属人员的智能，领导才能织成美丽的锦裳。

690. 鼓励和赞美能使白痴变为天才，批评与谩骂则可使天才变成白痴。

691. 每个人都希望得到赞美，哪怕他做得很差。

692. 有些事再等一等，往往就会柳暗花明。

693. 积极的期望能催人奋进。

694. 事愈急，心愈缓；缓制急，静制动。

695. 听得少，就不可能抓住要领；看得少，就不可能抓住精华。

696. 齐心合力，则无难不克；集思广益，则无事不成。

697. 无益的话不如不说，无益的事不如不做。

698. 成事在理不在势，服人以诚不以言。

699. 学贵要，虑贵远，信贵笃，行贵果。

700. 遇人多观察，遇事多动脑，干中多总结，事毕多感悟。

701. 说话恰到好处，做事于无声处，智慧简捷有效，协调通达有力。

702. 总是依赖他人，最容易削弱自己潜在的才能。

703. 凡是推功揽过的人都能有效激励下属，使事业取得成功；而推过揽功的人则会削弱下属的斗志和积极性，必然使事业走向失败。

704. 授权是分身术，用贤乃成事诀。

705. 高尚的竞争是一切卓越才能的源泉。

706. 轻财足以聚人，律己足以服人，量宽足以得人，身先足以率人。

707. 过度的严厉会造成恐惧，过分的温和会有失威严。

708. 谋先事则昌，事先谋则亡。

709. 宜未雨而绸缪，毋临渴而掘井。

710. 与其做一个忙碌的人，不如做一个有效率的人。

711. 有所为有所不为，做得多不如做得对。

712. 要说服别人，先说服自己。

713. 能容悲愤之事者，必有雄壮之举，必成非常之业。

714. 面对新生事物、未知领域，应当保持包容开放的心态接纳、尊重。

715. 善于展示自己的优势和强项。

716. 专心做好每一件事。

717. 没有目标和不忠实于目标都是窃取时间的小偷，浪费时间的罪犯。

718. 既不能权力旁落，也不可大权独揽。

719. 推功揽过，让自己成为下属心中的守护神。

720. 让权力与责任"如影随形"。

721. 管事先管人，管人要管心。

722. 管人是管理之本，管心是管人之本。

723. 要看清大势所趋和人心所向。

724. 事后控制不如事中控制，事中控制不如事前控制。

725. 赢得人心，仁义比金钱更有效。

726. 管人要用制度说话，"人治"不如

"法治"。

727. 制度是用来实施的，而不是吓唬人的摆设。

728. 要想赢得下属的信任，就要一碗水端平。

729. 荣誉是工作激情的催化剂。

730. 打造团队正能量，从每一个漏洞抓起。

731. 惩罚犯错者，可以提高整个团队的士气。

732. 只奖不罚，只能让更多人不满。

733. 对上尊敬，对下平和。

734. 风趣幽默是良好关系的催化剂。

735. 赞扬使沟通更顺畅。

736. 偶尔的沉默胜过语言。

737. 惩罚创新者，等于自毁长城。

738. 养成"当日事当日毕"的好习惯。

739. 批评与问责，对事不对人。

740. 有能力没发挥，一切等于零。

741. 把恰当的工作分配给恰当的人。

742. 良好的环境和氛围能稳定人心。

743. 批评时要力争做到心平气和。

744. 明大数者得人，审小计者失人。

745. 办事要快，靠的是抓得紧，而不是揽得宽。

746. 一张一弛，迭相为用。

747. 保持自身的个性和尊重别人的个性同样重要。

748. 不为开会而开会，一定要解决问题。

749. 把握工作变化的细节，在紧要关头亮出"变招"。

750. 心中有气度的人，才有共赢的心态；以尊重为出发点的人，才可能实现共赢；而对外在环境和他人的体谅则是共赢的表现方式。

751. 多点看问题，就不会有死路。

752. 精通三法：善于观察，慎于选择，敢于出手。

753. 目标要具体，操作要专业。

754. 谋事、谋道、谋略是高人一筹的"杀手锏"。

755. 只要稍稍地转变一下角度，事情就会有所不同。

756. 适当施压，有助于团队成员的成长与发展。

757. 早虑则不困，早豫则不穷。

758. 轻忽细事，必有重忧。

759. 有了成绩不邀功，荣誉面前不伸手，受到委屈不抱怨，责任面前不推诿。

760. 天下之事，急之则丧，缓之则得，而过缓则无及。

761. 认真省力气，弄巧费功夫。

762. 计胜怒则强，怒胜计则亡。

763. 急来缓就，高来低接。

764. 文无定法，事有定规。

765. 做事要针针见血，走路要步步留印。

766. 赏于无功则众离，罚加无罪则众怒。

767. 大事要清楚，小事要糊涂。

768. 不要吝啬自己的掌声。

769. 尊重是沟通的基础。

770. 记住人家的名字，而且很轻易地叫出来，等于给别人一个巧妙而有效的赞美。

771. 勿传不经之谈，勿听毁誉之语。

772. 轻诺不寡信，多易必多难。

773. 天时不如地利，地利不如人和。

774. 人性深处，无不渴望被赞赏。

775. 见功而行赏，因能而受官。

776. 上下同欲者胜。

777. 伟大，首先在于管理自己，而不是领导别人。

778. 发现长处，理解难处，不忘好处。

779. 近则庸，疏则威，距离产生威严。

780. 想问题从未来开始，做事情从今天着手。

781. 集大智必谦，成大事必宽。

782. 良好的态度是事业增值的资本。

第五辑　说话艺术

783. 别让舌头超出思想。

784. 在恰当的时间，于恰当的场合，对恰当的对象，说恰当的话，哪个环节都不要出岔子。

785. 话多不如话少，话少不如话好，多言不如多知，即使千言万语，也不如一件事实留下的印象深刻。

786. 对不方便回应的问题，或者避而不答，或者答非所问，总之就是不接招。

787. 说话简明，才能语惊四座。

788. 说，是一种能力；不说，是一种智慧。

789. 水深则流缓，语迟则人贵。

790. 没有了爱的语言，所有的文字都是乏味的。

791. 一个人说出的话必须是真的，但是没必要把知道的都说出来。

792. 言过其实，终害自身。

793. 会说话走遍天下，不会说话寸步难行。

794. 言不乱发，笔不乱动。

795. 说话不在多和少，说到当处就是好。

796. 长会短开，长话短说。

797. 说话到位就能起好的沟通作用。

798. 赞美的话可以让别人拥有未来，伤人的话则可能让人失去未来。

799. 言不在多，达意则灵。

800. 该说话时说话是一种水平，不该说话时不说话是一种聪明。

801. 言之有理，言之有礼。

802. 与智者谈话，要以渊博为原则；与拙者说话，要以强辩为原则；与善辩的人谈话，要以简要为原则；与高贵的人谈话，要以鼓吹气势为原则；与卑贱者谈话，要以谦恭为原则；与勇敢的人谈话，要以果敢为原则；与上进者谈话，要以锐意进取为原则。

803. 越是简洁的话语，越是掷地有声。

804. 话多不如话少，话少不如话巧。

805. 少打官腔，越平实的话越有穿透力。

806. 花言巧语的人会贪得无厌，妄言乱语的人会扰乱是非，多言多语的人会欺诈寡信。

807. 言之无文，行之不远。

808. 文章是流出来的，写不出时千万不要硬写。

809. 讲话水平在于到位和精辟。

810. 言之要有物、有序、有理、有礼、有文、有情、有趣。

811. 言词不要锐利，头脑不要纷杂。

812. 话不用多，意思到了，就要停；事不用繁，可以成了，就罢手。

813. 有了共识好说话、好做事；共识虽难，但要用心培养。

814. 说话不考虑，等于射击不瞄准。

815. 正面说话，让人心暖；负面说话，使人心寒。

816. 赠人以言，重如珠玉；伤人以言，甚于剑戟。

817. 喜时之言多失信，怒时之言多失礼。

818. 讲话应当长则长、当短则短，努力做到意尽言止、言之管用。

819. 文章当合时，立言宜为事。

820. 傻瓜用嘴讲话，聪明的人用脑袋讲话，智慧的人用心讲话。

821. 多讲言之有物、入情入理的"家常话"，少讲人人皆知、没错没味的"大道理"。

822. 怒多横语，喜多狂言。

823. 谬论不足以解惑，真言却可以解忧。

824. 勇于说实话，乐于听真话，拒绝讲假话。

825. 任何时候绝不说不该说的话。

826. 多讲些贴近实际、贴近基层、贴近群众的话，让话语接地气、有底气；多讲些真话、实话、心里话，让话语还原本色、回归本色；多讲些简洁明了、通俗易懂的"大白话"，让话语生动活泼、鲜活有趣；多讲些针对问题、直面矛盾、尖锐逆耳、敢于担当的话，让话语掷地有声、铿锵有力；多讲些有根有据、有血有肉的话，让话语立得住、站得稳、攻不破；多讲些与当下话语体系对接的新话，让话语始终与时代发展同步、与社会节奏合拍；多讲些信息量大、"含金量"高的话，让话语内涵丰富、有效管用；多讲些动之以情、示之以行的话，让话语更富人情味、更具公信力和可信度。

827. 要学会"用笔领导"，就得善于调研和积累，做一个有心的人；就得善于学习和思考，做一个有思想厚重感的人；就得善于养成好的习惯和兴趣，做一个有激情的人。

828. 明者慎言，故无失言；暗者轻言，自致害灭。

829. 一语不能践，万卷徒空虚。

830. 说话要用脑子，做事要考虑后果。

831. 幽默来自智慧，恶语来自无能。

832. 有所不言言必当，有所不为为必成。

第六辑　成事之道

833. 自卑是成功的劲敌。

834. 谨言慎行，成功者的行为准则。

835. 成功者之所以成功，取决于他愿意去做一些失败者不愿意做的事情；反过来也一样，失败者之所以失败，在于他一直做着成功者不愿意做的事。

836. 心胜则兴，心败则衰。

837. 没有胆量做不成大事，光有胆量没有智慧也做不成大事。

838. 取自家之长补己之短，汇涓涓细流以成小溪，人的成功在于扬长避短。

839. 伟人改变环境，能人利用环境，凡人适应环境，庸人抱怨环境。

840. 今天的态度决定明天的结果。

841. 自强不息成就大业，贪图安逸平庸无为。

842. 能在困难面前站起来的人才有资格说成功。

843. 成功的唯一阻碍是自己。

844. 行动谨慎的人很少跌跤。

845. 有非常之人，然后有非常之事；有非常之事，然后有非常之功。

846. 正确的选择是成功的一半。

847. 成功的大小取决于信念的大小。

848. 领导者和跟风者的区别就在于创新。

849. 处处是创造之地，天天是创造之时，人人是创造之人。

850. 执行到位，就能消灭隐患。

851. 雄心的一半是忍耐，成功的一半是等待。

852. 再长的路，一步步也能走完；再短的路，不迈开双脚也无法到达。

853. 积极的人在每一次忧患中都看到一个机会，而消极的人则在每个机会看到某种忧患。

854. 勇于开始，才能找到成功的路。

855. 之所以能，是相信能。

856. 思虑熟则得事理，得事理则必成功。

857. 山再高，往上攀，总能登顶；路再长，走下去，就能到达。

858. 一个真正的人应该具有冒险的基本精神，勇敢的尝试是成功的一半。

859. 无热情成就不了伟业，成功的秘诀在于持之以恒。

860. 准备不足或者无力改变时才会担忧，前者需要行动，后者需要放下。

861. 事成于恒而败于懈，贵于专而毁于随。

862. 做得多不如做得对。

863. 凡夫迷失于当下，后悔于过去；圣人觉悟于当下，解脱于未来。

864. 放弃不该放弃的是无能，不放弃该放弃的是无知。

865. 没有努力，就没有成功；没有付出，就没有回报。

866. 畏惧苦难的人终会一事无成而抱憾终生，厌恶苦难的人只能是庸庸碌碌地度过一生，感谢苦难的人才是真正高尚的集大成者。

867. 一懒天下成难事，再易因懒也会难。

868. 要成功，必须有机遇；要抓住机遇，就必须有所准备。

869. 没有勇气经受苦难，就不会成为真正的英雄。

870. 有了明确的目标，人生之路才不会走得那么沉重。

871. 欲速则不达，急于求成不可取。

872. 再大的志向，不敢面对现实都是空谈。

873. 简单的事重复做，可以成为专家；重复的事用心做，可以成为赢家。

874. 成功的人不是赢在起点，而是赢在转折点。

875. 胜出者靠的往往不是能力而是观念。

876. 最大的风险是等待，最稳妥的办法是干起来。

877. 命，乃失败者借口；运，乃成功者的谦词。

878. 谦虚是开启成功之门的金钥匙。

879. 害怕失败，就等于拒绝成功。

880. 明智的放弃胜于盲目的执著。

881. 策略绝妙，不如执行有效。

882. 培养逻辑思维，才能真正解决问题。

883. 既要埋头拉车，更要抬头看路。

884. 要想有出路，就必须有新的思路。

885. 做事要全力以赴，99% 也是不合格。

886. 成功有三个秘诀：比别人知道的多，比别人做的多，比别人期望的少。

887. 忙于工作而无暇寻找成功的人，最容易成功。

888. 人生的悲剧不在于没达到目标，而在于心中没有目标。

889. 成功的秘密就是做你能做的事情，并且把它做好。

890. 没有探索就没有创新，没有创新就不会有成就。

891. 宽容大度成就伟大事业。

892. 细心程度决定成败与否。

893. 合作是成功的金钥匙。

894. 激情的工作成就我们的事业，激情的人生将使我们得以永恒。

895. 高昂的激情，来自崇高的理想，来自强烈的责任心，来自兴趣。

896. 激情是吹动船帆的风，没有风帆船就
不能行驶；激情是成功的动力，没有
动力工作和事业就难有起色；激情是
创新的源泉，没有激情就没有创新的
灵感和冲动。

897. 关键不在于事情本身，而在于我们对
待事情的态度。

898. 敢战，才能言和；要和，更需备战。

899. 知识就是力量，坚持就是胜利。

900. 大事要敢想，小事要一点点做。

901. 自信产生奇迹。

902. 开阔的思想能让自己思路大开，受限
的思想则会禁锢自己的行为。

903. 人生没有目标，就像一艘没有航行路
线的航船一样，不管航行了多久，始
终无法到达彼岸。

904. 没有比脚更长的路，也没有比行动更
坚韧的东西；只要行动起来，许多原
来看似不可能完成的事情也会做到。

905. 一个人成就的大小，与其内在的热忱成正比。

906. 只想不做的人只能生产思想垃圾。

907. 人生若想有所作为，就必须战胜自卑。

908. 工作是磨刀石，刀越磨越锋利；实践是经验之源，实践越多经验越丰富。

909. 视野所及，心之所止。

910. 任何成功都离不开不断的努力，勤奋从来就是一切成功者共同的品格。

911. 快乐是追求成功的最佳情绪。

912. 没有信心，就会失去生存的勇气；充满信心，就会开创属于自己的奇迹。

913. 只有把握好今天，才能走出昨天、开创明天。

914. 择言而后言，择行而后行。

915. 成功的秘诀很简单，那就是不怕失败和不忘失败。

916. 命运不是天能注定的，命运是依人奋斗的程度，由人自己来决定的。

917. 成功六大要素：正确的思想，不懈的行动，伟大的性格，娴熟的技能，天赐的机会，宝贵的健康。

918. 坚持才有希望，争取才有机会，付出了才会拥有，承担了才会成长，挑战了才会突破。

919. 非豪情无以做大事，非宁静无以致千里。

920. 勤学善研——提高认知能力；深谋远虑——提高策划能力；突重破难——提高推进能力；见微知著——提高校正能力。

921. 只要有信心，人永远不会挫败。

922. 该做的事一定要做，要做就一定做好。

923. 如果一个人不把现在当回事，也就不要指望他有什么未来。

924. 成功需要 100% 的努力，失败只需 1% 的破绽。

925. 千里之堤需处处牢固，毁则只要一处蚁穴。

926. 不实在于轻发。

927. 最惬意的时候，往往是失败的开始。

928. 底蕴的厚度决定事业的高度。

929. 小错不纠成大错，小恶不止酿大灾。

930. 不惜寸阴于今日，必留遗憾于明天。

931. 成功，关键在于选择。

932. 为理想做事，能够耐风寒；为兴趣做事，则永倦息。

933. 慎终如始，则无败事。

934. 要成功，就要把希望放在明天，把计划放在今天，把行动放在现在。

第六辑　成事之道

935. 不专心不成事，不虚心不知事。

936. 没有谨慎的态度，智慧再多也无济于事。

937. 小心天下去得，大意寸步难行。

938. 错误是不可避免的，但是不可重复错误。

939. 心恒搭起通天路，志坚敲开智慧门。

940. 意志坚决像只船，稳坐稳航不畏难。

941. 天下事，无难易，无志者难，有志者易。

942. 挑了重担走路踏实，有了目标干事

扎实。

943. 天下无易成之物，世上无易处之事。

944. 路在人走，事在人为。

945. 路是走熟的，事是做顺的。

946. 粗心大意会导致失败，深思熟虑能使人成功。

947. 胆大鲁莽会败事，胆大心细会成事。

948. 成事都由多思考，败事都由少思量。

949. 希望大了，勇气就大。

950. 远大的希望造就伟大的人物。

951. 成功是理想和奋斗的结合。

952. 耐性与勇敢可以克服万难。

953. 毅力胜于才能。

954. 无畏的人面前才有路。

955. 懦夫无宁日。

956. 果敢无战不胜，刚毅无征不服。

957. 你不怕困难，困难就怕你。

958. 想，要壮志凌云；干，要脚踏实地。

959. 谨慎是安全之本。

960. 祸常生于不测。

961. 过虑的人，成就无多。

962. 信心是命运的主宰。

963. 虚谈废务，浮文妨要。

964. 心不清则无以见道，志不确则无以
立功。

965. 事以密成，语以泄败。

966. 激情是事业成功的助推器。

967. 内心强大者胜。

968. 道虽迩，不行不至；事虽小，不为不成。

969. 一切愿望，只在手中；一切道路，只
在脚下。

970. 成功时多总结外部条件，失败时多总
结内部原因。

971. 拥有志存高远的视野、不畏艰险的勇
气、乐观豁达的心态。

972. 心态决定状态，状态决定结果。

973. 事业常青，实践常新。

974. 千难万难，畏难才真难。

975. 好事要往坏处想，坏事要往好处想。

976. 隔行如隔山，隔行不隔理。

977. 世上没有绝望的处境，只有对处境绝望的人。

978. 你对时间越吝啬，时间对你就越慷慨。

979. 机会就像快速旋转的门，当空档转到你眼前时，你必须迅速挤进去。

980. 奋斗成就伟业。

981. 失败者任其失败，成功者创造成功。

982. 自我激励是一个人迈向成功的引擎。

983. 惟有付出才可能杰出。

984. 只有深刻地认识历史，才能更好地把握未来。

985. 小事不做，大事难成。

986. 快乐工作的人最有前途。

987. 百闻不如一见，百见不如一干。

988. 干一行，就要吃透一行。

989. 靠读书与实践积累成功的资本。

990. 人的耐心有多大，成功的几率就有多大。

991. 只有迟来的成功，没有永恒的失败。

992. 只要卷起袖子，困难就会躲在一边。

993. 有了伟大的热情，才有伟大的行动。

994. 要想收获就得去播种。

995. 机遇不仅要及时抓住，还要及时应用。

996. 从大局出发把得住，从小处着手抓得稳。

997. 不管幸与不幸，都应奋发有为。

998. 畏难苟安则难，知难而上则易。

999. 具有做小事的精神，就能产生做大事的气魄。

1000. 善始善终才能成大事。

1001. 说谎者永远不能成功。

1002. 意志是击破一切困难的武器。

1003. 只有沉住气，才能成大器。

1004. 与其在等待中枯萎，不如在行动中绽放。

1005. 只有把抱怨环境的心情，化为上进的力量，才是成功的保证。

1006. 弱者坐待时机，强者制造时机。

1007. 不实心不成事，不虚心不知事。

1008. 器大者声必宏，志高者意必远。

1009. 事之成败，必由小生。

1010. 慎重则必成，轻发则多败。

1011. 百虑输一忘，百巧输一诚。

1012. 任何梦想的实现都是相信并坚持的结果。

1013. 坚持别人不能坚持的，才能拥有别人不能拥有的。

1014. 水滴石穿揭示成功的秘密。

1015. 成功是对辛劳的奖赏。

1016. 执着是开启成功大门的钥匙。

1017. 敢于冒险但不要盲目冒险。

1018. 冒险是成功的开始，雄心是成功的动力。

1019. 没有大格局，不可能成就大事业。

1020. 天下事，以难而废者十之一，以惰而废者十之九。

1021. 噩运有时会导致成功，佳运有时会导致失败。

1022. 不作无补之功，不为无益之事。

1023. 倘若没有抽象概括的能力，没有归纳演绎的能力，没有想象连篇的能力，没有灵感、直觉爆发的能力，就无法卓有成效地开展工作。

1024. 追求高素养，不能没有哲学；要做大事业，不能没有哲学；学哲学、用哲学，是成功领导者的共同经验。

1025. 只有思维创新才能发现前人没有发现的新事物，解决前人无法解决的问题；也只有做到思维创新，才能更好地认识世界，解决横亘在人类社会面前的新问题。

1026. 收敛思维和发散思维有助于领导者在工作中实现原则性和灵活性结合，充分发挥聪明才智，使问题解决得更圆满。

1027. 工作靠实，事业靠干。

1028. 激情是生命和事业的张力。

1029. 人有自信才能减少怨气，有好的预期才会干劲十足。

1030. 最伟大的事都是从最小的地方累积
而成。

1031. 繁忙是对事业的一番耕耘，成功是
对事业的一季收获。

1032. 天下之事，虑之贵祥，行之贵力。

1033. 逆水行舟，一蒿不可放缓；滴水穿石，
一滴不可弃滞。

1034. 一定意义上，意志比手段更重要。

1035. 成大器的人一定是在磨难之中学会
坚毅的人。

1036. 坚强的意志是最真诚的智慧。

1037. 与其担忧，不如行动起来。

1038. 功崇惟志，业广惟勤。

1039. 持久的意志力越强，成功的几率就
越大。

1040. 智商再高，情商不高，不一定能成
功，也不一定能持续地成功；智商
不太高，但情商较高，成功概率大。

1041. 好的开始，未必就有好结果；但坏
的开始，结果往往会更糟。

1042. 正视错误，才能迎接成功。

1043. 改变现实的前提是接受现实。

1044. 欣赏引导成功，抱怨只会导致失败。

1045. 着眼于长远的同时，更要立足于当前。

1046. 错误是成功的垫脚石。

1047. 盲从乃最大的迷失。

1048. 行动徘徊不定，必将一事无成；遇事优柔寡断，难以成就大事。

1049. 道虽迩，不行不至；事虽小，不为不成。

1050. 锲而舍之，朽木不折；锲而不舍，金石可镂。

1051. 凿不休则沟深，斧不止则薪多。

1052. 事情是一步步做出来的，未来是一步步走出来的。

1053. 激情造就成功。

1054. 成功是经验的积累。

1055. 心在哪里，成功就在哪里。

1056. 人有恒心万事成，人无恒心万事崩。

1057. 宁可做过，不可错过。

1058. 时时早，事事早；早作准备，才能事半功倍。

1059. 精神爽奋，则百废俱兴；肢体怠驰，则百兴俱废。

1060. 信心与能力通常是齐头并进的。

1061. 力量存在镇定中。

1062. 一个崇高的目标，只要不渝地追求，就会成为壮举。

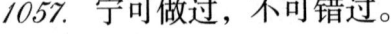

1063. 没有伟大的意志力，就不可能有雄才大略。

1064. 贵在坚持，难在坚持，成在坚持。

1065. 耐心和持久胜过激烈和狂热。

1066. 没有行动的绝望是对义务的遗忘和违规。

1067. 为者常成，行者常至。

1068. 行动是成功的一半。

1069. 随机应变是才智的试金石。

1070. 想好了就不再犹豫。

1071. 失败可能是变相的胜利，最低潮往往是高潮的开始。

1072. 忍耐是对付所有一切困难的最好药物。

1073. 要想工作不走样，先得头脑不走神。

1074. 不患无策，只怕无责。

1075. 失去勇气则失去了一切。

1076. 设立目标，实现目标，再设立新目标，这是成功最快速的方法。

1077. 目标渺小则成就渺小，目标远大则成就远大。

1078. 成功不是快乐的关键，快乐才是成功的关键，如果热爱自己所做的事情，将会成为一位成功者。

1079. 行动才是果实，言辞不过是树叶。

1080. 有所尝试就有作为。

1081. 成功就是好好工作而不计较名利。

1082. 意志、工作和等待是成功的金字塔的基石。

1083. 机会只眷顾有准备的人。

1084. 不用等待特别的机会，抓住一般的时机并使它伟大。

1085. 没有磨难，何来荣耀？没有挫折，何来辉煌？

1086. 可以为时不想为，想要为时已经不可为。

1087. 利用时间的一个重要诀窍是必须迅速投入工作。

1088. 把小事做好，大事也能做好。

1089. 无败者无成，心败则败；尽力者尽心，心尽则成。

10.90. 善于发现机遇，紧紧抓住机遇的手臂。

10.91. 希望是奋斗过程中的原动力。

10.92. 机会需要把握住，也需要自己去创造。

10.93. 成功的捷径就是脚踏实地地反复实践。

10.94. 有时候谨小慎微会失去很好的机会。

10.95. 思路决定出路，眼光决定未来。

10.96. 勤奋是成功的根源，坚持是成功的保障。

10.97. 多付出一分，就意味着多显露一分才华；多付出一分，就意味着多闪现一分美德；多付出一分，就意味着多获取一分成功。

10.98. 目标指引前进的方向。

10.99. 事业上得寸进尺，生活中不论短长，何愁事业无成。

1100. 成功始于想法。

1101. 美好属于自信者，机会属于开拓者，奇迹属于执着者。

1102. 若不想做，总会找到借口；若想做，总会找到方法；若用心做，总会有好结果。

1103. 一种方法往往对应一种结果，要改变结果就得主动改变方法。

1104. 眼力、魄力、毅力是实现梦想的"硬翅膀"。

1105. 学识、见识、胆识是成大器的"好法宝"。

1106. 造势、借势、顺势是干成事业的"金钥匙"。

1107. 自信、自主、自强是乘风破浪的"定神针"。

1108. 争先、抢先、占先是快人一步的"勇字诀"。

1109. 高人、贵人、家人是爬坡过坎的"助推器"。

1110. 大事件、大舞台、大考验是成大业者的"龙门跃"。

1111. 为者常成，行者常至。

1112. 伎工于习，事成于勉。

1113. 心存疑虑，做事难成。

1114. 立即行动，成功无限。

1115. 奋斗改变命运。

1116. 成功＝明确的目标＋切实可行的方案＋坚持不懈的行动。

1117. 在岗不爱岗的人，总有一天会下岗。

1118. 量力而行胜过自不量力，恰到好处胜过过犹不及。

1119. 功夫在功夫之外，成功在成功之前。

1120. 干任何事情只要选准了目标，内心怀着一份强烈的渴望，就没有干不成的事。

1121. 成功绝非偶然，需要比别人多走一步。

1122. 只有不倒下，才有取胜的可能。

1123. 多数人没有达成目标，就在于不能坚持。

1124. 失败一次，就是向成功靠近了一步。

1125. 专注于自己真正想要的东西，才会最终得到它。

1126. 成就每一天就是在成就自己的未来。

1127. 没有任何一件伟大的事业不是因为热忱而成功的。

1128. 因为相信，所以成功。

1129. 自信多一分，成功就可以多十分。

1130. 立刻行动是成功的法则。

1131. 一个把握眼前机会的人，十有八九可以成功。

1132. 善于识别与把握时机极为重要。

1133. 成就事业，不仅需要乘势，更需要等待时机。

1134. 适时调整航向，才能顺利抵达彼岸。

1135. 有所失才会有所得，有所弃才能有所取。

1136. 忍耐枯燥与痛苦是成功的必经之路。

1137. 凡事从好的方面想，才会有好的结果。

1138. 准备赢得一切。

1139. 心境不同结果不同。

1140. 沉着冷静，心急解决不了问题。

1141. 脚踏实地是最好的选择。

1142. 方法总比困难多一个。

1143. 平常心做卓越事。

1144. 不打无准备之仗。

1145. 自信是走向成功之路的第一步，缺乏自信是失败的主要原因。

1146. 自己勉励自己，自己鼓舞自己，自己激发自己，是一个人获得进取人生的内在动因。

1147. 世上的事情没有绝对成功，只有不断进取。

1148. 无路可走的情况，只有弱者会遇到；真正的强者，脚下都是路。

1149. 不畏难，方能克难；不怕事，方能成事。

1150. 没有精彩的细节，就没有壮观的整体。

1151. 机遇固然重要，但具备抓住机遇的能力更重要。

1152. 善于捕捉机会者为俊杰。

1153. 掩饰错误，只会错过修正问题的机会。

1154. 聪明人善于发现机会，更善于创造机会。

1155. 一切努力都取决于掌握时机。

1156. 志不立，天下无可成之事。

1157. 有非凡志向，才有非凡成就。

1158. 志向和热爱是伟大行为的双翼。

1159. 最大的决心会产生最高的智慧。

1160. 伟大的抱负造就伟大的人。

1161. 水激石则鸣，人激志则宏。

1162. 没有目标，就做不成任何事情；目标渺小，就做不成任何大事。

1163. 成功始于行动，有行动不一定会成功，但没有行动一定不会成功。

1164. 感叹是弱者的习气，行动是强者的性格。

1165. 晚起步不如早起步，晚行动不如早行动，犹豫不决不如当机立断，唉声叹气不如奋发图强。

1166. 做人要敢想，敢想才有新思路；做人要敢干，敢干才有新局面；做人要敢闯，敢闯才有新天地；做人要敢为，敢为才有新成就。

1167. 意志引人入坦途，悲伤陷人于迷津。

1168. 如果没有意志，即使有能力也无济于事。

1169. 只要思想不滑坡，办法总比困难多。

1170. 狭路相逢勇者胜，勇者相逢智者胜，智者相逢仁者胜。

1171. 烦恼与欢喜，成功和失败，仅系于一念之间。

1172. 良好的个性胜于卓越的才智。

1173. 好习惯能成就一个人，坏习惯能摧毁一个人。

1174. 成功的秘诀，是要养成迅速行动的习惯。

1175. 敢想才能敢干，会想才能巧成。

1176. 不怕事难干，就怕心不专。

1177. 要成就一件大事业，必须从小事做起。

1178. 每事浅尝辄止，结果一事无成。

1179. 事业常成于坚忍，毁于急躁。

1180. 不经巨大的困难，不会有伟大的事业。

1181. 工作顺手时要压得住自己。

1182. 不能爱哪行才干哪行，要干哪行爱哪行。

第六辑　成事之道

1183. 今天所做的事勿候明天，自己所做的事勿候他人。

1184. 志其大，舍其细；先其急，后其缓。

1185. 成功的真正秘诀是兴趣。

1186. 踏石无印则会轻飘飘，抓铁无痕则会软绵绵。

1187. 没有激情便没有成功。

1188. 最惨的破产就是丧失自己的热情。

1189. 未来永远属于那些敢于竞争和善于竞争的人。

1190. 物竞天择，适者生存。

1191. 成功的关键，就在于忍人之所不忍，容人之所不能容，处人之所不能处。

1192. 进步是逼出来的。

1193. 从来好事多风险，自古瓜儿苦后甜。

1194. 没有创造，就没有发展。

1195. 熟是经验，巧是创造。

1196. 有冒险才有希望；成就是事业上的成绩，是希望和奋斗的结合。

1197. 用功，才可以成功。

1198. 良好的开端是成功的一半。

1199. 低调沉稳但不低声下气。

1200. 失败乃成功之母。

1201. 不干，固然遇不着失败，也绝对遇不着成功。

1202. 勤奋的人，不一定事事都能成功，但成功必定属于勤奋者。

1203. 努力是成功之母。

1204. 凡事皆需尽力而为，半途而废者永无成就。

1205. 只有付出超人的代价，才能取得超人的成绩。

1206. 人而无恒，终身一无所成。

1207. 万事从来贵有恒。

1208. 耐心和持久胜过激烈和狂热。

1209. 成大事不在于力量的大小，而在于能坚持多久。

1210. 天下之事，成于有志，而败于自辍。

1211. 才气就是长期坚持不懈。

1212. 珍惜一切时间，用于有益之事，不搞无谓之举。

1213. 赢得时间的人就是赢得了一切。

1214. 不饱食以终日，不弃功于寸阴。

1215. 凡在事业上有所成就的人，无一不是利用时间的能手。

1216. 小志小成，大志大成。

1217. 一心想赶两只兔，反而落得两手空。

1218. 没有理智，便一事无成。

1219. 先做好自己，然后管其他；先做好小事，然后谋其大；先做好当下，然后虑其远。

1220. 真抓才能攻坚克难，实干才能梦想成真。

1221. 成功的大小取决于信念的大小。

1222. 有什么样的目标，就有什么样的人生。

1223. 冒多大的险，成多大的事；登多高的山，看多远的风景。

1224. 治学要有一股钻劲，干事要有一股韧劲，创新要有一股闯劲，攻坚要有一股蛮劲，求成要有一股巧劲，做人要有一股憨劲。

1225. 要有综合性的社会知识而不局限于单向度的专业技能；要成为合群友爱的公众人物而非特立独行的个体；要有建设性地解决问题而不止于批判性地指出问题。

第七辑　处世哲学

1226. 善良与平淡才最真。

1227. 盛气就会凌人，心满就不求上进，露才就流于肤浅。

1228. 帮助别人就是成就自己。

1229. 放宽爱的尺度，缩小恨的边缘。

1230. 爱往宽里积，恨从窄处生。

1231. 宽容是送给他人最好的礼物，但如果留给自己，那就是堕落的开始。

1232. 万物无罪，祸在人心。

1233. 时不忘勤，事不忘俭，言不忘和，行不忘善。

1234. 积善是用对别人的友善成就自己的人生，积恶是用自己的双手毁灭自己。

1235. 永远不做气氛的污染者和恶化者。

1236. 斗气不如斗志。

1237. 真诚是依托的保单。

1238. 过度的赞美是变相的讥讽，过度的谦虚是变相的虚伪。

1239. 阳光心态是自己和别人的和谐，最高境界是自己和自己的和谐。

1240. 付出的时候，不要急于期待回报，否则一颗心总是牵挂着结果，反而难有收获的喜悦。

1241. 要担难不要推责，要多干不要怕吃亏，要兼听不要独断，要有个性不要随大流，要有自尊不要自弃。

1242. 律己宜带秋风，处事宜带春风。

1243. 要把阳光撒到别人心里，自己心里得有阳光。

1244. 人并非为获取而给予，给予本身即是无与伦比的快乐。

1245. 嘲笑别人的短处，你就多了一个短处；夸耀自己的长处，你就少了一个长处。

1246. 看别人要看长处，帮别人要帮短处；学别人要学长处，查自己要查短处。

1247. 以实掩虚，智慧本身就是一种实力。

1248. 以自我为圆心，以个人利益为半径画圈，画不大；以团队为圆心，以众人利益为半径画圈，可画得无限大。

1249. 愤怒常常是弱者的象征。

1250. "劲草"不惧疾风，"真金"不畏烈火。

1251. 论人长短不如取人之长补己之短。

1252. 共勉之所以好过责怪，在于既提高了别人，也欢喜了大家。

1253. 学会放大别人的优点，忽略别人的缺点，不去追寻完善，才能拥有完美的世界。

1254. 选择什么样的名利观就选择了什么样的人生，选择贪婪就选择了低谷，选择淡泊就选择了高尚。

1255. 对人恭敬，就是在庄严自己。

1256. 沉默是毁谤最好的答复。

1257. 能够把自己压得低低的，那才是真正的尊贵。

1258. 拥有一颗无私的爱心，便拥有了一切。

1259. 仇恨永远不能化解仇恨，只有慈悲才能化解仇恨，这是永恒的真理。

1260. 宽容是一招以退为进的绝妙好棋。

1261. 感激别人是没有存折的储蓄。

1262. 对人友善，就是为自己积福。

1263. 不给别人留余地，可能自己没有立锥之地。

1264. 放下执著，遇事不要钻牛角尖。

1265. 做人，不要画地自限。

1266. 知足是一种处世态度，常乐是一种释然情怀。

1267. 心中只装着自己，自身也就变得渺小。

1268. 活在别人的掌声中，是经不起考验的。

1269. 对别人的斥责也是对自己的一种伤害。

1270. 失去控制的自大是灾难。

1271. 学会正视自己，一味地放大或缩小都是要变形的。

1272. 心中装满自己的看法和想法的人，

永远听不得别人的声音。

1273. 盲目地迎合别人，有可能会葬送
自己。

1274. 保证自己不被击倒，也要保证不被
他人所连累。

1275. 低头捡便宜的人，腰是直不起来的。

1276. 人无眼界，必无境界；人无境界，
必无胸怀；人无胸怀，难容世界。

1277. 锐气藏于胸，和气沉于脸，才气见
于事，义气施于人。

1278. 用偏见总能读到更多的偏见。

1279. 与其让人扶着走，不如自己拄根拐
杖走。

1280. 别把自己的头抬得比帽子还高。

1281. "敬酒"当然要喝，"罚酒"既推
不掉也就带着微笑喝了吧。

1282. 把脾气拿出来，那叫本能；把脾气
压下去，那叫本事。

1283. 郁闷时蹲下来抱抱自己，原谅别人
也放过自己。

1284. 人际交往中要保持适当的距离。

1285. 好朋友之间也要亲密有间。

1286. 进退有度，才不至于进退维谷；宠辱皆忘，方可以宠辱不惊。

1287. 肯低头，永远不会撞到矮门。

1288. 忘利者获大利，忘我者成真我。

1289. 不可盛气凌人，不可妄自尊大，不可趾高气扬，不可好大喜功。

1290. 有德才有得，有诚才有成。

1291. 只工于心计者必触礁。

1292. 卑污者必损其身。

1293. 有强大的心理支撑，做人才有尊严。

1294. 人活一世，活得就是一种分寸感。

1295. 不愧不怍，不矜不伐，不夷不惠，不亢不卑。

1296. 学会道歉认错，敢于让步妥协。

1297. 老是念念不忘别人的坏处，实际上深受其害的是自己。

1298. 当你地位显赫、受到众人追捧时，多多尊重他人；当你身处逆境、受到社会鄙视时，学会珍惜自己。

1299. 只会恭维你的人不一定是朋友。

1300. 愤怒只会遮蔽人的视线，让人产生偏见。

1301. 靠诚信待人，凭人格处世。

1302. 过往不咎，从容静处。

1303. 忘记是一种风度，舍得是一种聪明。

1304. 中庸之道，万古之慧。

1305. 问题宜解不宜结。

1306. 不求今日明拍手，但求他日暗点头。

1307. 施恩时不要说得过于直露，挑得太明，以免令对方感到丢了面子，脸上无光；给别人已经帮过的忙，更不要四处张扬。

1308. 心境和谐，就会志存高远；知荣明辱，奋勇争先而不计名利，品德高尚而不孤芳自赏，就会刚正不阿；与人为善，磊磊落落，如月皎然，就会健康长寿。

1309. 说话不失言，调查不失实，办事不失信，为政不失节，生活不失度。

1310. 人有善念善行，方可能换来善心善情。

1311. 凡事能够将心比心，抱怨又由何而生？

1312. 可以缺钱，但不能缺德；可以失言，但不能失信；可以求名，但不能盗名；可以低落，但不能堕落；可以放松，但不能放纵；可以虚荣，但不能虚伪；可以平凡，但不能平庸；可以浪漫，但不能浪荡；可以生气，但不能生事。

1313. 让人跌倒的，往往是自己的浅见与无知，而不是敌人的手段高明。

1314. 自己不做出点样子，人家想拉你一把都不知你的手在哪里。

1315. 学会适应他人，不要奢望他人适应自己。

1316. 不会爱上别人的人，是不会受到大家喜爱的。

1317. 谈不来的人，不可勉强来往。

 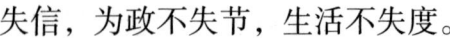

1318. 水至清无鱼，人至察无徒，山至高无树。

1319. 动机太强，容易迷茫。

1320. 信是立身之本，恕乃接物之要。

1321. 如说己长便是短，自知己短便是长。

1322. 幸运时要收敛大度，抓住机遇；不幸时要控制情绪，善于忍耐。

1323. 先有付出才能有所求。

1324. 好脾气宛如晴天，到处溢放着光亮。

1325. 记住别人给自己的好处，忘掉自己给别人的恩情。

1326. 有容德乃大，无欺心自安。

1327. 不矜威益重，无私品自高。

1328. 不骗人、不自欺，忠于本心、真实无妄。

1329. 投机取巧赢一时，诚实守信赢一世。

1330. 诚信既是控制人生方向的一枚凝重的砝码，也是人之为人的道德底线。

1331. 处难处之事愈宜宽，处难处之人愈宜厚，处至急之事愈宜缓，处至大之事愈宜平；处疑难之事愈宜无意。

1332. 太在乎别人，会忘了自己；太在乎
自己，会忘乎所以。

1333. 靠别人是暂时的，靠自己才是终
身的。

1334. 能忍能让真君子，能屈能伸大丈夫。

1335. 忠诚是爱情的桥梁，欺诈是友谊的
敌人。

1336. 心口如一终究好，口是心非难为人。

1337. 闲来无事不寒暄是无礼，要事在身
假客套是愚蠢。

1338. 尊敬别人，才能让人尊敬。

1339. 不舍不得，小舍小得，大舍大得。

1340. 财富、机遇、利益，处处都可以放下，
但梦想与尊严则不能随意丢弃。

1341. 靠天不如靠人，靠人不如靠己。

1342. 谦逊是立身之本，骄傲是惹祸之胎。

1343. 以恕己之心恕人，以责人之心责己。

1344. 出了差错不要推给别人，得了奖赏
不要只想自己。

1345. 得忍且忍，得耐且耐，不忍不耐，
大事不成。

1346. 任何人都有人说好说歹，任何人都
有人爱与不爱。

1347. 积爱成福，积怨成祸。

1348. 自知之明量自己，实事求是待他人。

1349. 以势交者，势尽则疏；以利交者，
利尽则散。

1350. 责己严者受人尊敬，责人严者友朋
疏远。

1351. 寡言少谤，寡欲保身。

1352. 交浅不可言深，交深不可言浅。

1353. 吹捧害人，自吹害己。

1354. 自责好过别人责，自夸不如别人夸。

1355. 凡话可听，不可全信；凡事可做，
不可全为；凡人可识，不可全交；
凡敌可恨，不可全敌。

1356. 真理面前低头，不会变成矮子；无
理把脸打肿，也充不了胖子。

1357. 不占便宜不上当，贪图便宜吃大亏。

1358. 气量宏大聚人气。

1359. 处于顺境中的美德是节制，处于逆境中的美德是坚忍。

1360. 水深的河寂静，博学的人谦逊。

1361. 好自夸的人无本事，有本事的人不夸己。

1362. 奸险是万恶之端，忠实是万善之源。

1363. 不相信任何人和相信任何人，同样都是错误的。

1364. 不责人所不及，不强人所不能，不苦人所不好。

1365. 多言不可与远谋，多动不可与久处。

1366. 待己当从无过中求有过，待人当于有过中求无过。

1367. 当着矮人，别说短话。

1368. 利可共而不可独，谋可寡而不可众。

1369. 自重不可自大，自谦不可自卑。

1370. 宁可认错，不可说谎。

1371. 怒来理智失，疑生信任消。

1372. 能挑千斤担，不挑九百九。

1373. 讲诚信就是一诺千金。

1374. 以恨对恨，恨永远存在；以爱对恨，恨自然消失。

1375. 把别人当傻瓜其实是最大的傻瓜。

1376. 心中有敌，天下皆为敌；心中无敌，无敌于天下。

1377. 多点儿勇气，少点儿丧气；多点儿骨气，少点儿傲气；多点儿和气，少点儿戾气；多点儿豪气，少点儿怨气；多点儿文气，少点儿俗气；多点儿阳气，少点儿阴气。

1378. 发射自己的光，但不要吹熄别人的灯。

1379. 只有赤诚于心，才能奉献于行。

1380. 不精不诚，不能动人。

1381. 口中有德，目中有人，心中有爱，行中有善。

1382. 最成功的交友是化敌为友，最失败的交友是化友为敌。

1383. 维持友谊需要三点：当面尊重他，

背后赞扬他，需要时帮助他。

1384. 雪中送炭的人，往往是帮你的人；
锦上添花的人，往往是求你的人。

1385. 表扬人最好用公文，批评人最好是
口头；表扬人最好当众，批评人最
好单独。

1386. 只知拼命的绝对是莽夫，懂得隐忍
的才是真豪杰。

1387. 君子如水，随方就圆，无处不自在。

1388. 己欲立而立人，己欲达而达人。

1389. 做极品之人，走沧桑正道。

1390. 处事常存宽厚意，行意惟求无愧心。

1391. 不可太方，也不可太圆，因为前者
会伤人，后者会让人远离你。

1392. 不必好奇别人怎样评价你，想想你
是怎样评价他的。

1393. 不是人人都有的不伸手，人人都有
的后伸手。

1394. 不妨把自己的优点乘0.8，把别人的
优点乘1.2。

1395. 用心做事，用情做人。

1396. 人际沟通，最忌讳的是一脸死相。

1397. 努力做到精满、气足、神旺，生命取向要高，生命体验要深，生命能量就自然大。

1398. 不卑不亢的风度和不粗不俗的气质，是领导者形象的守护神。

1399. 负责、正直、自敛、明礼是领导者正确做人的四个根基。

1400. 人，必须活得有自尊和骄傲。

1401. 容人之异，不排斥，不猜忌；容人之长，不嫉妒，不诋毁；容人之短，不蔑视，不奚落；容人之过，不记仇，不报复。

1402. 诚于嘉许，宽于称道。

1403. 只有度德量力，知道自己什么事能做，什么事不能做，这才是人生最大的智慧。

1404. 圣洁之人眼中看到的皆是圣洁，而猥琐之人看到的全是龌龊。

1405. 不要太在意别人的诋毁。

1406. 大智者必谦和，大善者必宽容。

1407. 有大气象者，不讲排场；讲大排场者，露小气象。

1408. 大气是一种态度，见贤思齐，而不是俱贤。

1409. 大气是一种忍让，不轻易拿自己的涵养挑战别人的浅薄。

1410. 交友水平在于知心和无仇。

1411. 做人如水，做事如山。

1412. 当有人诽谤你的时候，你不要感到沮丧，因为喜欢你的人，仍然赞美你；当有人赞美你的时候，你不要感到骄傲，因为不喜欢你的人，仍然诽谤你。

1413. 有爱心的人，处处给人温暖；有私心的人，处处给人冷漠。

1414. 有了爱心，才会有真正的和谐；有了智慧，才会有真正的文明。

1415. 心善人便善，心恶人便恶；心正人便正，心邪人便邪。

1416. 自尊而不自轻，自信而不自满。

1417. 宽恕别人的过失，便是自己的荣誉。

1418. 自私自利之心，是立人达人之障。

1419. 把情当情，才有真感情；平等互爱，才有真人心。

1420. 善待他人，就是成就自己。

1421. 要想人前显贵，就得人后受罪。

1422. 乐人之乐，人亦乐其乐；忧人之忧，人亦忧其忧。

1423. 只有善待竞争对手，才能把自己融入人群，获得友谊、信任、谅解和支持；只有善待竞争对手，才有可能超越对手，在良性的竞争环境中立于不败之地；只有善待竞争对手，才能在人生的道路上拥有快乐的感觉，踏入充满机遇的境界，走向充满希望的未来。

1424. 阻止别人前进的同时，自己也将停止前进。

1425. 欣赏别人的飞翔，更会蓄积自己的经验和力量。

1426. 沉住气，成大器；犯急躁，成败局。

1427. 示弱以待，至柔至坚。

1428. 做事切忌只知伸，不知屈；只知进不知退；只知要小聪明，没有大智慧；只知自我显示，不知韬光养晦。

1429. 张扬就要付出代价，不想付出代价，那且先别张扬。

1430. 修己以清心为要，涉世以慎言为先。

1431. 得意时，须有失意时之意志；失意时，却不必落寞，而要平常心。

1432. 做事不过分，生活不奢华，态度不傲慢。

1433. 给别人一分包容，就是给自己十分从容。

1434. 衣衫可以褴褛，灵魂不可卑微。

1435. 不争即是大争，埋头才能出头。

1436. 人不可孤立，孤立则危。

1437. 亲密容易产生轻蔑。

1438. 趋炎附势的人，不可与其共患难。

1439. 希望别人怎样对待自己，自己就应该怎样对待别人。

1440. 有良友伴行，路遥不觉其远。

1441. 怜悯自己的人未必是朋友，帮助自己的人一定是朋友。

1442. 有学问而无道德，是一个恶汉；有道德而无学问，是一个鄙夫。

1443. 人而好善，福虽未至，其祸远矣；人而不好善，祸即未至，其福远矣。

1444. 气忌盛，心忌满，才忌露。

1445. 没有独立精神的人，一定依赖别人。

1446. 失信不立。

1447. 不傲才以骄人，不以宠而作威。

1448. 苦言难入，巧佞难远。

1449. 成功时不要把自己看成巨人，失败时不要把自己看成矮子。

1450. 懂得谨慎者能成事。

1451. 宽恕别人的过失，便是自己的荣誉。

1452. 自尊不自轻，自信而不自满。

1453. 曲得了，才伸得直。

1454. 不守信，无以立。

1455. 做人靠品，做事靠行。

1456. 不忘人恩，不念人过，不思人非，
不计人怨。

1457. 有眼界，能看远；有肚量，能容忍；
有锋芒，能内敛；有涵养，能自持，
方能游刃有余。

1458. 心态当若兰，凡事都能看得通透；
意念当如水，能包容多少，终会收
获多少。

1459. 依人者危，臣人者辱。

1460. 学会给自己降半格。

1461. 平等是先进的理念。

1462. 劝过于暗室，扬善于公堂。

1463. 冷静观人，冷耳听语，冷情当感，
冷心思理。

1464. 做人，人品为先，才能为次；做事，
明理为先，勤奋为次。

1465. 把自己抬得过高，别人未必仰视你；

把自己摆得太低，别人未必尊重你。

1466. 做人要有力争上游的勇气，更要有愿意低头的大气。

1467. 人可聪明绝顶，但不可失真，失真则丧信；事可天翻地覆，但不可失实，失实则败事。

1468. 见高不低，见低不高；见智不愚，见愚不智；见富不穷，见穷不富；见轻不老，见老不轻。

1469. 不因为成功而喜形于色，不因为失败而悲观失望。

1470. 人誉我谦，又增一美；自夸自败，又增一毁。

1471. 越是没有实际能力和修养的人，越容易狂妄；越是高才大德、有能量的人，越谦卑谨慎。

1472. 心怀正义则勇气无限。

1473. 心里没有感激，便会陷入孤独无助。

1474. 秉持谦虚的心态，就能看到他人的过人之处。

1475. 对人谦和，是为自己换顺利；对事
谨慎，是为自己减困难。

1476. 最好的策略就是诚实。

1477. 所谓成熟，就是对内消除傲慢，对
外消除偏见。

1478. 锐气藏于胸，和气沉于脸，才气见
于事，义气施于人。

1479. 太刚则暴躁，太柔则怯懦，太缓则
易拘泥，太急则易轻率。

1480. 谨慎过了头，就显得胆小；处事果
断过了头，就变得轻率；认真过了头，
就显得呆板；聪明过了头，就显得
油滑。

1481. 见人有得意之事，便当生羡慕之心；
见人有失意之事，更应有怜悯之心。

1482. 诚无悔，恕无怨，和无仇，忍无辱。

1483. 乐人有善行，乐己能乐事。

1484. 赞美是一种人格高度。

1485. 目中无人，必损其德；心怀若谷，
必益其功。

1486. 口惠而实不至，怨灾及其身。

1487. 他善必称，己恶不讳。

1488. 乐道人之善而不为谄。

1489. 谦者众善之基，傲者众恶之魁。

1490. 量己而进，进则不辱；非力不取，
取必为灾。

1491. 自爱不自贵，自知不自贱。

1492. 愈自重者愈不敢轻蔑天下人，愈坚
忍者愈不敢轻视天下事。

1493. 虚滑可能顺一时，诚实才能万古
长青。

1494. 贤而能容黑，知而能容愚，博而能
容浅，粹而能容杂。

1495. 人格无贵贱，人品有高低。

1496. 冷静、质疑是理智的筋骨。

1497. 是非来入耳，不听自然无。

1498. 事不三思终有悔，人能百忍自无忧。

1499. 一争两丑，一让两有。

1500. 交友之先宜审，交友之后宜信。

1501. 与朋友交，只取其长，不计其短。

1502. 心诚气温，气和辞婉，必能动人。

1503. 诅咒使人振奋，赞誉使人松懈。

1504. 劳谦虚己，则附之者众；骄慢倨傲，则去之者多。

1505. 责己则攻短，论人则取长。

1506. 若要度量长，先学受冤枉；若要度量宽，先学受懊烦。

1507. 大勇若怯，大智若愚。

1508. 太胆小是懦弱，太胆大是鲁莽，勇敢是恰好适中。

150.9. 交浅言深，君子所戒。

1510. 与人善言，暖与布帛；伤人以言，深于矛戟。

1511. 自助者，天助之。

1512. 不耐烦，干不得事；不忍气，做不得人。

1513. 沟通心灵的桥是理解，连接心灵的路是信任。

1514. 精神操守方，思想方法圆；目标志向方，行动决策圆；严以律己方，宽以待人圆。

1515. 知行知止唯贤者，能屈能伸是丈夫。

1516. 不图便宜不上当，贪图便宜吃大亏。

1517. 吃亏不算傻，让人不算痴。

1518. 得放手时须放手，得饶人处且饶人。

1519. 让礼一寸，得礼一尺。

1520. 自称好，烂稻草。

1521. 小事糊涂，大事通明。

1522. 没有豁达就没有宽松。

1523. 对上以礼居敬，对下爱护有加。

1524. 弱者不懂得宽恕，宽恕是强者的特性。

1525. 真正的勇敢都包含谦虚。

1526. 一个人越伟大，对表扬和奉承就越厌恶。

1527. 诋毁别人的同时，也在诋毁自己。

1528. 先考量别人的权益再想自己的感受，先考虑别人的感受再想自己的权利。

1529. 对拥有的事物心存感激，将会拥有更多。

1530. 感恩开启丰富的人生。

1531. 背信弃义会迅速而痛苦地断送友谊。

1532. 不肯与朋友共享果实的人，不要指望朋友与他共患难。

1533. 兴盛结交朋友，逆境考验朋友。

1534. 委婉是一道善意的门缝。

1535. 人到矮墙下，一定要低头。

1536. 有圆无方则不立，有方无圆则滞泥，可方可圆则无往不利。

1537. 处世之道，当在诚、敬、静、谨、恒五个字：诚，不自欺，亦不欺人，不蝇营于小利，不短视于眼前；敬，恭顺待人，顺势谋事，居功不自傲，得意须让人；静，不乱分寸，不事张扬，洞察世相，静观时变；谨，祸从口出，谨小慎微，不能凡事张扬，留得回旋余地；恒，坚持不懈，意志笃定，困苦不退缩，挫败不止步。

1538. 对不实之事的宽容，不仅是对事之宽，更是对人之容，最终会赢得人心。

1539. 发现身边的伯乐，警惕身边的小人。

1540. 学会宽容，世界会变得更为广阔；
忘却计较，人生才会永远快乐。

1541. 维护别人的面子就是维护自己的
面子。

1542. 玩弄手腕者，终究会失信于人。

1543. 一个人只有说实话、办实事、讲信誉、
守承诺，才有与人交往的基础。

1544. 承诺是人与社会、与他人的交往之
本，是自己立身处世的品牌。

1545. 欣赏是一种能力，更是一种胸怀。

1546. 只有小聪明，绝对无法超人一等。

1547. 为人坦诚但不能不分对象。

1548. 做大自己：低头走稳每一步。

1549. 包容别人，会得善缘；反省自己，
会得善果。

1550. 知恩、感恩、报恩是为人处世的"基
本色"。

1551. 功不可以虚成，名不可以伪立。

1552. 刻薄不嫌钱，忠厚不折本。

1553. 德不广不能使人来，量不宽不能使人安。

1554. 恭者不悔人，俭者不夺人。

1555. 爱人者人恒爱之，敬人者人恒敬之。

1556. 结交接物，恭而有礼。

1557. 人之相知，贵相知心。

1558. 势利之交，难以经远。

1559. 为而不矜，作而不恃。

1560. 自高自卑，无卑则远；自大无众，无众则孤。

1561. 越自尊大，越见器小。

1562. 亏人是祸，饶人是福。

1563. 善人流芳千古，恶人遗臭万年。

1564. 做事要藏拙，做人要露怯。

1565. 真诚并不意味着要指责别人的缺点，但意味着一定不恭维别人的缺点。

1566. 糊涂不招人喜欢，聪明同样也不一定招人喜欢；只有聪明地糊涂着时，方皆大欢喜。

1567. 有多少计较，就有多少痛苦；计较越多，痛苦就越多。

1568. 练达人情皆学问，精明世故即经纶。

1569. 世事每逢谦处好，人伦常在忍中全。

1570. 遇事虚怀观一事，与人和气誉群言。

1571. 由着性子来不如由着事理来。

1572. 存好心，行好事，说好话，亲好人。

1573. 便宜察言观色，务要背恶向善。

1574. 为别人鼓掌也是在给自己的生命
加油。

1575. 谦卦六爻皆吉，恕字终身可行。

1576. 为别人留余地就是为自己留余地。

1577. 宽容是智慧的处世之道。

1578. 忍耐是一种以退为进的智慧。

1579. 征实则效存，徇名则功浅。

1580. 存忠孝心，行仁义事。

1581. 说话要言行一致，行为要表里如一；
做人要前后一致，做事要大小如一。

1582. 善行会带来好运。

1583. 豁达使人宠辱不惊。

1584. 宽容铺就五彩路。

1585. 感恩点亮生命之灯。

1586. 对待非议置若罔闻。

1587. 过于自私便是一种自毁。

1588. 暴怒最终伤害的是自己。

1589. 爱慕虚荣则会埋下祸根。

1590. 冲动只会带来噩运。

1591. 做人就意味着尽责任。

1592. 与其讨好别人，不如武装自己；与其逃避现实，不如笑对人生；与其听风听雨，不如昂首出击。

 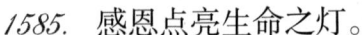

1593. 无德无才做人难，无德有才难做人，有德无才能做人，德才兼备做能人。

1594. 与人为善，就是与自己为善；与别人过不去，就是与自己过不去。

1595. 看别人不顺眼，首先是自己修养不够。

1596. 人可有傲骨，但不可有媚气；人不可有傲气，但要有正气。

1597. 愤怒使别人遭殃，但受害最大的却是自己。

1598. 礼多人不怪，话多人不爱。

1599. 只有尊重他人，自己才能受到尊重。

1600. 谦恭，对尊长是责任，对平辈是礼貌，对下属是宽宏。

1601. 对骄傲的人不要谦虚，对谦虚的人不要骄傲。

1602. 仁爱先从自己开始，公正先从别人开始。

1603. 人无信不立，家无信不和，业无信不兴，国无信不强。

1604. 真诚是处世行事的最好方法。

1605. 真诚是人生的命脉，是一切价值的根基。

1606. 坦诚是最明智的策略。

1607. 有疑问的时候，最好是说实话。

1608. 让一分山高水长，退一步海阔天空。

1609. 必有容，德乃大；必有忍，事乃济。

1610. 唯宽可以容人，唯厚可以载物。

1611. 理解一切便宽容一切。

1612. 欣赏别人是一种境界，善待别人是一种胸怀，关心别人是一种品质，理解别人是一种涵养，帮助别人是一种快乐，学习别人是一种智慧。

1613. 真诚是信任的保单。

1614. 待人要丰，自奉要约；责己要厚，责人要薄。

1615. 平和是社交的艺术，谦和是人际的阳光。

1616. 不尊重别人感情的，最终会引起别人的讨厌和憎恨。

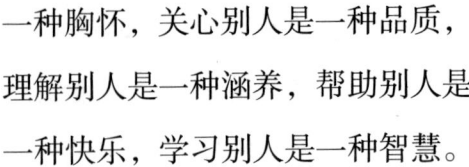

1617. 赢得友情要靠智慧，保持友情要靠美德。

1618. 人之相识，贵在相知；人之相知，贵在知心。

1619. 和气是受人欢迎的重要磁铁。

1620. 心甘情愿吃亏的人，终究吃不了亏。

1621. 爱占便宜的人，终究占不了便宜，捡到一棵草，失去一片森林。

1622. 不矜功自夸，可以很好地保护自己。

1623. 知人者智，自知者明。

1624. 好面誉人者，亦好背而毁之。

1625. 君子和而不同，小人同而不和。

1626. 忠义为本，仁慈为源。

第八辑　学习要领

1627. 学习是一辈子的事。

1628. 运用知识才能产生力量。

1629. 知识只有消化了以后才有营养，不然就是智商中的脂肪。

1630. 知识是珍宝，但实践是得到它的钥匙。

1631. 智者以求索为乐，蠢人以不学自喜。

1632. 善问者能过高山，不问者迷于平原。

1633. 思想一旦觉悟，就不会再瞌睡。

1634. 没有学习，不会有创造；没有继承，不会有发展。

1635. 学习时的痛苦是暂时的，未学习的苦痛是终身的。

1636. 索取只有在一个场合才能越多越好，那就是读书。

1637. 勤奋源于兴趣。

1638. 在读书中思考，在思考中读书。

1639. 总结是一种能力，更是一种智慧。

1640. 穷不读书，穷根难除；富不读书，富难长久。

1641. 书是灯，读书照亮了前面的路；书是桥，读书接通了彼此的岸；书是帆，读书推动了人生的船。

1642. 读万卷书是心灵的超越，行万里路是身体的超越。

1643. 深学才能深悟，常学才能常新。

1644. 读书要真读，要有选择，要得其法，要重实践。

1645. 好学不倦人长寿。

1646. 活到老，学到老，身体好。

1647. 即使是思考也要有所取舍。

1648. 智者只读有意义的书。

1649. 读书，钻不出来的是蛹，钻出来的是蝶。

1650. 阅读点亮梦想，书香成就人生。

1651. 倦怠，会使智慧萎缩。

1652. 读书不能保证你抵达理想的彼岸，但一定能缩短你与理想的距离。

1653. 学问勤中得，富裕俭中来。

1654. 挺起脊梁做事，放开眼光读书。

1655. 古今事理无穷尽，个人知识终有限。

1656. 布衣暖和菜根香，读书饱读滋味长。

1657. 宁可学了不用，莫到用时不能。

1658. 初读好书，如获良友；重温好书，
如逢故知。

1659. 学了就用处处行，光学不用等于零。

1660. 智慧是穿不破的衣裳，知识是取不
尽的宝藏。

1661. 书不可不读，不可死读；事不能不干，
不能盲干。

1662. 不学则愚。

1663. 知识是一匹无私的骏马，谁能驾驭
它，它就属于谁。

1664. 一本书不翻阅犹如一堆废纸。

1665. 虚心是学问的向导，恒心是学问的
保管。

1666. 意志在于磨练，知识在于积累。

1667. 水滴积聚则成深渊，知识积累则成
智慧。

1668. 读书，要钻进去，跳出来，用起来。

1669. 知识没有顶峰，智慧没有边际。

1670. 经历是才智之母。

1671. 挫折可增长经验，经验能丰富智慧。

1672. 学博而后可约，事历而后知要。

1673. 学不必博，要之有用。

1674. 读而未晓则思，思而未晓则读。

1675. 读书快乐无穷，读书天地无穷，读书受益无穷。

1676. 学习贵在博、通、悟。

1677. 知是行之始，行是知之成。

 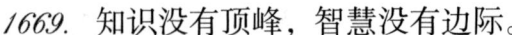

1678. 学习的目的在于运用，学习的成效在于解决问题、指导实践、推动工作。

1679. 拒绝阅读是心灵的癌症！

1680. 学而无厌，学无止境，学以致用。

1681. 不仅要读有字书，更要识没字理。

1682. 书籍的使命是帮助认识生活，而不是代替对生活的认识。

1683. 立身以力学为先，力学以读书为本。

1684. 读书使人渊博，辩论使人机敏，写作使人精细。

1685. 像吃饭一样读书，在坚持上下功夫，在讲求营养上下功夫，在防止腐蚀上下功夫，在消化上下功夫，在有效运用上下功夫。

1686. 知识从实践中来，人才从实践中出。

1687. 凡人为了确认已知的事物而读书，智者为了确认未知的事物而读书。

1688. 智慧并不来自学历，而是来自对知识终生不懈的追求。

1689. 学习带动思考，思考促进学习。

1690. 一个能思考的人，才是真正有力量的人。

1691. 运动使人健壮，读书使人贤达。

1692. 读书给人以乐趣，给人以光彩，给人以才干。

1693. 知识没有顶峰，智慧没有边际。

1694. 人之一生，重要的不是学到什么，而是是否有学习能力。

1695. 学而不已，神明自得。

1696. 循序而渐进，熟读而精思。

1697. 阅读是一种定力。

1698. 书到用时方恨少，事非经过不知难。

1699. 能读书，才必博；能养气，量必宏。

1700. 善学者智，善学者强，善学者胜。

1701. 把"学习"镶嵌到性格里。

1702. 不懂不是错，不懂装懂才是错。

1703. 知行合一，以知促行，以行促知。

1704. 好学近乎知，力行近乎仁，知耻近乎勇。

1705. 温故而知新，敦厚以崇礼。

1706. 读史使人明智，鉴古方能知今。

1707. 博闻多识，疑则思问。

1708. 有不知则有知，无不知则无知。

1709. 学贵心悟，守旧为功。

1710. 学进则识进，识进则量进。

1711. 学莫贵于知言，道莫贵于识时，事莫贵于知要。

1712. 为学患无疑，疑则有进；小疑则小进，大疑则大进。

1713. 学问贵细密，自修贵勇猛。

1714. 为学之要，先戒名心；为学之方，
求端于道。

1715. 事有所成必是学有所成，学有所成
必是读有所成。

1716. 知识是真正的资本和财富。

1717. 学而不博者，不能守约；志不笃者，
不能力行。

1718. 人的天性犹如野生的花草，求知学
习好比修剪移栽。

1719. 一日不读书，胸臆无佳想；一月不
读书，耳目失清爽。

1720. 从错误中吸取教训是教育极为重要
的一部分。

1721. 学贵知疑，小疑则小进，大疑则
大进。

1722. 学问浅薄，如履薄冰。

1723. 什么都学的人，什么也学不到。

1724. 活着就要学习，学习不是为了活着。

1725. 学问积年而成，非一日之功。

1726. 学而不思，犹如食而不化。

1727. 由过去学习的经验以利当下，在当下学习使未来生活得更好。

1728. 满瓶不响，半瓶咣当。

1729. 倾己所有追求知识，没有人能夺走它；向知识投资，收益最佳。

1730. 一些书可以浅尝辄止，一些书可以狼吞虎咽；而有些书则需要细嚼慢咽，好好消化。

1731. 书籍是积累智慧的明灯。

1732. 阅读使人充实，交谈使人机智，写作使人精确。

1733. 一切书籍都可以分为二类，即一时之书与永久之书。

1734. 人会死亡，书却无朽。

1735. 经验是智慧之父，记忆是知识之母。

1736. 知识是一座宝库，而实践是开启宝库的钥匙。

1737. 读书是积累知识的基础。

1738. 传播知识就是传播幸福。

1739. 学问在成功时是装饰品，在失意时是避难所，在年老时是供应品。

1740. 知识是豆浆，智慧是卤水；知识多、智慧少，总是一盆豆浆，点不成思想的豆腐。

1741. 不断充电，为前进提供强劲动力。

1742. 阅读的广度，改变生命历程的长短；阅读的深度，决定思想境界的高低。

1743. 解决问题是学习的第一动力。

1744. 学习是立业之基、兴国之基。

1745. 学习者智，学习者胜，学习者生存，学习者发展。

1746. 学习是个人成长、事业兴旺的根本途径，好学才能上进，事有所成，必是学有所就。

1747. 一知半解的人，多不谦虚；见多识广有本领的人，一定谦虚。

1748. 旅行是心灵的阅读，而阅读是心灵的旅行。

1749. 知止，所以不殆。

1750. 不知理义，生于不学。

1751. 进学不诚则学杂，处事不诚则事败。

1752. 博学而不失其长，广识而不乏其专。

1753. 不自满者受益，不自是者博闻。

1754. 学养可助娱乐，可添文采，可长才干。

1755. 阅读使人充实，讨论使人灵敏，笔记使人精确。

1756. 其实只有一种人生，这就是学习过程中的人生。

1757. 人的思想如一口钟，容易停摆，需要经常上紧发条。

1758. 天下才子必读书，腹有诗书气自华。

1759. 读书要通而不局，精而不杂，细而不烦，专而不固。

1760. 读一本好书，就像交了一个益友。

1761. 读书是学习，摘抄是整理，写作是创造。

1762. 读书要从薄到厚，再从厚到薄。

1763. 读书之法，在循序而渐进，熟读而精思。

1764. 读活书，活读书，读书活。

1765. 贫者因书而富，富者因书而贵。

1766. 知识使人聪明，使人文雅，使人富有，使人强大。

1767. 不知道自己的无知，乃是双倍的无知。

1768. 智慧胜于知识。

1769. 阅读加思考，整理加感悟，模仿加创造，知识加实践，就能取得良好的学习成效。

1770. 不会思考的人是白痴，不愿思考的人是懒汉，不敢思考的人是奴才。

1771. 缺少知识就无法思考，缺少思考就不会有知识。

1772. 教育是智慧的源泉。

1773. 学高为师，身高为范。

1774. 知之者不如好之者，好之者不如乐之者。

1775. 学习是思考的基础，思考是创新的前提，创新是发展的动力。

1776. 勤奋是智慧的双胞胎，懒惰是愚蠢的亲兄弟。

1777. 聪明出于勤奋，天才在于积累。

1778. 书山有路勤为径，学海无涯苦作舟。

1779. 积累知识在于勤，学问渊博在于恒。

1780. 在学习的道路上，谁想停下来就要落伍。

1781. 学习必须与实干相结合。

1782. 学而不厌，诲人不倦。

1783. 求知是一条只有起点而没有终点的路。

1784. 自学，不怕起点低，就怕不到底。

1785. 与其用华丽的外表装饰自己，不如用知识武装自己。

1786. 人的聪明才智不在于经验的多少，而在于应用经验的能力。

1787. 教育是伟大的事业，人的命运取决于教育。

1788. 人才的培养，基础在教育。

1789. 榜样是一种人人能读的课程。

1790. 坚持在实践中深化学习、在学习中深化实践；不断研究新问题、总结新经验，学会正确运用"看不见的手"和"看得见的手"，成为善于驾驭政府和市场关系的行家里手。

1791. 阅读的生活与人生，草长莺飞、繁花似锦；不阅读的生活与人生，则是一望无际的、令人窒息的荒凉和寂寥。

第九辑　生活哲理

1792. 简约，成就最健康的生活。

1793. 心灵宁静，生命更远。

1794. 福禄贵知足，位高贵知止。

1795. 人活着要有方向感，要对明天充满激情。

1796. 舒舒服服过辛苦的日子，辛辛苦苦过舒服的生活。

1797. 努力拥有人生三宝：一双明亮的眼睛，一张干净的嘴，一颗充满爱的心灵。

1798. 任何个人财富都不能成为个人最终的生命价值。

1799. 不要为了得到某些东西，而失去另一个更重要的东西。

1800. 知足是天然的财富，奢侈是人为的贫困。

1801. 没有梦想，生命将会枯竭。

1802. 一次痛苦的经验抵得上千百次的告诫。

1803. 要么你被痛苦打倒，要么你把痛苦踩在脚下。

1804. 一个人最大的破产是绝望，最大的资产是希望。

1805. 世上没有绝望的处境，只有对处境绝望的人。

1806. 人生不只需要加法，也需要减法；加法是一种成长，减法是一种成熟。

1807. 有小失才能有大得；有局部之失，才能有整体之得。

1808. 宁静，让生命健康；宁静，助事业辉煌；宁静，是生活锦囊。

1809. 什么风险都不敢承担，是一种最大的风险。

1810. 福祸无常，唯人所招。

1811. 人生的耻辱不在于输，而在于输不起；人生的光荣不在于永不仆倒，而在于屡仆屡起。

1812. 与其悲叹自己的命运，不如相信自己的力量。

1813. 面对现实，才能超越现实。

1814. 忍耐是宇宙中最伟大的和平动力。

1815. 不要把人生当作滑梯，辛苦地登顶却一滑到底。

1816. 地位是脚下的台阶，并非自身的真正高度。

1817. 被利益牵扯着的人，肯定是不折不扣的矮子。

1818. 欲望是药，适量能除病，过度能毙命。

1819. 贪婪像胡须，不及时剃除就会越发旺盛。

1820. 不受约束的自由往往是失去自由的开始。

1821. 扣错第一颗纽扣将一错到底。

1822. 生活需要游戏，但人生不能游戏。

1823. 人生就是乘法，其中一项为零结果就为零。

1824. 是非得失自始至终都掌握在自己的手里。

1825. 度的把握，过犹不及，欲速不达；量的承受，过轻则浮，超载危险；

时的选择，早而无功，晚而无效。

1826. 有些事情，不谈是个结，谈开了是个疤。

1827. 被恨的人没有痛苦，恨人的人却将遍体鳞伤。

1828. 自由不是想干什么就干什么，而是想不干什么就不干什么。

1829. 一个人思虑过少，可能失去做人的尊严；一个人思虑过多，就会失去做人的乐趣。

1830. 人生的关键不在于拿一副好牌，而在于打好一副坏牌。

1831. 一个人若不能在内心找到安宁，恐怕在哪里也无济于事。

1832. 容易走的都是下坡路。

1833. 侥幸是不幸的开始。

1834. 习惯若不是最好的仆人，便是最差的主人。

1835. 意志是人生的登山杖；没有意志的保障，再好的人生观也是一场幻梦。

1836. 福祸由己不由天。

1837. 心明才能眼亮，心安才能体健，心愉才能身悦，心旷才能神怡。

1838. 迷信则必轻信，盲目则必盲从。

1839. 过犹不及，只有适度才是最佳。

1840. 清者自清，浊者自浊。

1841. 活在今天，就是活在今生今世；活在今天，就是活在岁岁年年。

1842. 人生有寒暑，日月有晴雨。

1843. 性格决定命运，气度影响格局。

1844. 人有了希望，才有奋斗的动力。

1845. 只有拥有遇事求己的那份坚强和自信，人人都能成为自己的观音。

1846. 对众人而言，惟一的权力是法律；对个人而言，惟一的权力是善良。

1847. 生活是由思想造成的。

1848. 人生就是容器，快乐装得越多，烦恼也就会越少。

1849. 人处高位，风光无限，但四周皆为深渊。

1850. 抬高自己的天花板，使自己的心灵空间变得高远空阔，让周围的环境变得更加宽松怡人。

1851. 离开了热情，任何人都算不了什么；而有了热情，任何人都不可小觑。

1852. 热情，使我们的生命更有活力；热情，使我们的意志更加坚强。

1853. 少一分担忧，多一分安心；少一分虚伪，多一分诚实；少一分焦虑，多一分快乐。

 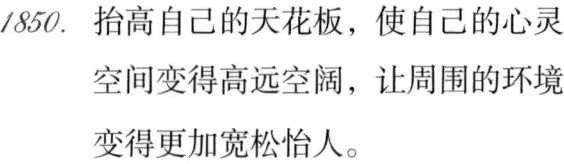

1854. 一个人只有战胜自己，才能成为自己的主人；一个人只有成为自己的主人，才能把握自己的人生。

1855. 道德常常能填补智慧的缺陷，而智慧永远填补不了道德的缺陷。

1856. 从来没有夕阳产业，只有夕阳技术。

1857. 节食则无疾，择言则无祸。

1858. 家有贤妻夫祸少，家有贪妇落马早。

1859. 不为明天而担忧。

1860. 少事是福，多心是祸。

1861. 苦难显才华，好运隐天资。

1862. 能欢乐，就应该有胆量承受悲伤；
能欢聚，就要有勇气去承受离别。

1863. 急则无智，怒则生愚。

1864. 做人要讲距离，做事要有方向。

1865. 拥抱快乐，作别过去。

1866. 人生，一半是披荆斩棘，一半是急
流勇退。

1867. 哭给自己听，笑给别人看。

1868. 在孤独时最能找到真实的自己。

1869. 上当不是因为别人太狡猾，而是自
己太贪婪。

1870. 若不能自己掌握自己的命运，那么
只能由别人来掌握。

1871. 竖起来有多高，横下去便有多长。

1872. 人生有三件事不能等：孝老、行善、
健身；人生有三件事不能怕：年龄、
孤独、未来。

1873. 愚者用肉体监视心灵，智者用心灵
监视肉体。

1874. 贪婪是最真实的贫穷，满足是最真实的财富。

1875. 人的价值，在遭受诱惑的一瞬间被决定。

1876. 青春一经典当即永不再赎。

1877. 不论在什么时候结束，重要的是结束之后就不要悔恨。

1878. 不论在什么时候开始，重要的是开始之后就不要停止。

1879. 人若软弱就是自己最大的敌人，人若勇敢就是自己最好的朋友。

1880. 所有的胜利，与征服自己的胜利比起来，都是微不足道；所有的失败，与失去自己的失败比起来，更是微不足道。

1881. 在官场，有官衔、有级别，需要的是忍耐和时间；在市场，无官衔、无级别，需要的是灵活和空间。

1882. 清醒时做事，糊涂时读书，大怒时睡觉。

1883. 空虚无聊的人感觉日子难过，充实的人感觉日月如梭。

1884. 今天的一切现实，都是昨日思想的结果。

1885. 由俭入奢易，由奢入俭难。

1886. 时间，让深的东西越来越深，让浅的东西越来越浅。

1887. 若将过去抱得太紧，怎能腾出手来拥抱现在？

1888. 失去的恐惧远比拥有的幸运更能让人珍惜。

1889. 微笑和沉默是两个有效的武器，微笑能解决很多问题，沉默能避免许多问题。

1890. 刚开始忍是一种痛苦，后来忍是一种智慧，最终忍会是一种享受。

1891. 名誉太高其实是一种负担。

1892. 上天只是赐予你生命，生命的使用说明则要靠自己撰写。

1893. 一生中和自己相处的时间是最长的，

应尽量让自己变得更有趣。

1894. 感恩不是简单的报恩，是一种责任、自主、自尊和追求一种阳光人生的精神境界。

1895. 相爱是发现优点的过程，相处是容纳缺点的过程。

1896. 有信仰就年轻，疑惑就年老；有自信就年轻，畏惧就年老；有希望就年轻，绝望就年老。

1897. 男怕穿靴，女怕戴帽。

1898. 天有三宝：日、月、星，地有三宝：水、火、风，人有三宝：神、气、精。

1899. 从过去吸取教训，在现在把握生活，对未来寄予希望。

1900. 世界上的道路有千万条，但最难找的是适合自己的那一条。

1901. 天上掉馅饼之时，往往是地上有陷阱之时。

1902. 日月盈亏才能久照，寒暑相推方成岁功。

1903. 超高的欲望便是无尽的贫穷。

1904. 能控制欲望的人才能被称作英雄。

1905. 年轻时饱经忧患，到老来不惧风霜。

1906. 欢乐是生活的良药。

1907. 人心不足蛇吞象，世事难防螳捕蝉。

1908. 事可对人语，心常如水平。

1909. 外面的世界充满细菌，避免传染的
最好方法是提高自身免疫力。

1910. 人生如同打牌，拿到好牌重要，更
重要的是将手中的牌出好，一张牌
出得好坏往往会影响整个牌局。

1911. 学会忘记是生活的技术，学会微笑
是生活的艺术。

1912. 心不难则万事不难，人不虚则诸事
必实。

1913. 智慧源于勤奋，伟大出自平凡。

1914. 人生如下棋，多思则能胜。

1915. 常将有日思无日，莫待无时思有时。

1916. 忘记过去，则少很多烦恼；面向未来，
则充满激情与活力；立足当前，则

不会迷失，不会丧失眼前的机遇。

1917. 世事繁杂，不过是历史的重演；人事纷扰，不过是人生如戏。

1918. 全世界都青睐胜利者，没有时间顾及失败者。

1919. 只要你站着，就一定有阴影；如果你害怕阴影，那就只有躺下去。

1920. 人生好像一本书，每人只能读一次。

1921. 人间世上许多事，未曾经历不得知。

1922. 把一生看作一天，把一天看作一生。

1923. 最珍贵的财富是利用时间，最巨大的浪费是虚度流年。

1924. 谁对时间越吝啬，时间对谁便慷慨。

1925. 对时间要吝啬，莫放过一春一秋；对知识要贪心，要争取一点一滴。

1926. 凡事都要等，久等有一善。

1927. 有因必有果，有利必有害。

1928. 无古不成今。

1929. 衰为盛之终，盛为衰之始。

1930. 天下无不可化之人，世间无不可变

之俗。

1931. 祸与福同门，利与害为邻。

1932. 有一兴必有一败，有一利必有一弊。

1933. 以苟活为羞，以避事为耻。

1934. 悲观的人虽生犹死，乐观的人永葆青春。

1935. 希望是生命的源泉，失去它生命就会枯萎。

1936. 愚者自以为聪明，智者则有自知之明。

1937. 不要被花言巧语哄倒，不要给流言蜚语吓倒。

1938. 多闻增智，多言招祸。

1939. 谨慎天下去得。

1940. 祸难入慎家之门。

1941. 喜悦是健康的花朵。

1942. 持续的喜悦，是智慧的象征。

1943. 生气催人老，笑笑变年少。

1944. 没有一个朋友能够比得上健康，没有一个敌人能够比得上疾病。

1945. 话不可说死，事不能做绝。

1946. 多为少善，不如执一。

1947. 谨言不会出错，慎行不会跌跤。

1948. 走运时，要想到倒霉，不要得意过了头；倒霉时，要想到走运，不必垂头丧气。

1949. 无事心不空，空则无主；有事心不乱，乱易出错；多事心不愁，愁亦无用；少事心不浮，浮必生事；大事心不畏，畏则怯步；小事心不痹，痹能酿祸。

1950. 愤怒的时候忍一秒，便可避免一年的遗憾。

1951. 人生就像烙饼，只有翻够了回合才能成熟。

1952. 喜欢挑战，方法就会越来越多；喜欢放弃，借口就会越来越多；喜欢抱怨，烦恼就会越来越多；喜欢感恩，顺利就会越来越多；喜欢占有，对手就会越来越多；喜欢分享，朋友就会越来越多。

1953. 低头走人生的上坡路，抬头走人生的下坡路。

1954. 良心是做人的基石，专业是事业的基石，爱心是生活的基石。

1955. 按本色做人，按角色做事。

1956. 贪婪是吃亏的开始。

1957. 意外之财，易生意外。

1958. 凡是都有个限度。

1959. 人犯错误的两大原因：一是无知，二是无耻。

1960. 健忘是一种病态，善忘是一种境界。

1961. 可以伤心，但不能死心，更不能心死。

1962. 一步不能登上高山，但一步却能从高山上掉下来。

1963. 遇到爱你的人，学会感恩；遇到你爱的人，学会付出。

1964. 婚姻的成功在于：找个好人，自己做个好人。

1965. 一个男人给孩子的呵护，就是永远爱他的妈妈。

1966. 成功的时候，不要忘记人生还有红灯；失败的时候，不要忘记前边可能就是绿灯。

1967. 一心只想尽善尽美，最终只会是两手空空。

1968. 爱由心生。

1969. 爱的极致是宽容。

1970. 发脾气是因为你把自己看得太大。

1971. 有见识的人不会轻易发怒。

1972. 别把一切扛在肩上。

1973. 为拥有而开怀。

1974. 大悲无泪，大悟无言。

1975. 缘来要惜，缘尽就放。

1976. 人间万事出艰辛。

1977. 发怒其实是将他人的过错惩罚自己。

1978. 唯有健康才是人生。

1979. 一个健全的心态，比一百种智慧更有力。

1980. 选择了吃苦也就选择了收获，选择了享乐也就选择了蜕变。

1981. 财散人聚，人聚钱来。

1982. 工作应当注重结果，生活在于享受过程。

1983. 心不正，则笔不正。

1984. 人生万端，始于自认。

1985. 花盛则易落，月满则必缺，水满则易倾，人满则招损。

1986. 敢于自嘲的人内心往往强大。

1987. 有一条道路叫屈辱，有一种力量来自拒绝。

1988. 比兔子跑得快，比乌龟有耐心。

1989. 愚者把失败变成哀怨，智者把失败变成财富。

1990. 简单淳朴的生活，无论在身体上，还是精神上，对每个人都是有益的。

1991. 行孝在当下。

1992. 逝者如斯夫，不舍昼夜。

1993. 劳逸结合、动静结合、养练结合康乐寿。

1994. 人能克己身无患，事不欺心睡自安。

1995. 名利是魔绳。

1996. 生活最沉重的负担不是工作而是无聊。

1997. 没有健康就没有一切。

1998. 智慧不是一种才能，而是一种人生觉悟，一种开阔的胸怀和眼光。

1999. 目的只是手段，过程才是目的；对过程不感兴趣的人，是不会有生存的乐趣的。

2000. 进退有据，高低有时。

2001. 无私才能成就有私。

2002. 不要自己吓自己。

2003. 足寒伤心，人怨伤国。

2004. 自尊和尊严是两码事，有时舍弃自尊才可赢得尊严。

2005. 不要把过多的希望寄托在别人身上，做好自己的事，才能给自己希望。

2006. 越有故事的人，越沉静简单；越肤浅单薄的人，越浮躁不安。

2007. 当你面向光明时，黑暗自然在你后面。

2008. 邀千百人之欢，不如释一人之怨；
希千百事之荣，不如免一事之丑。

2009. 与其说别人让你痛苦，不如说自己
的修养不够。

2010. 言己之长者，不知己；乐言人之短者，
不知人；乐言事之易者，不知事；
乐言善之施者，不知善。

2011. 喜欢就争取，得到就珍惜，错过就
忘记。

2012. 情不知所起，一往情深；恨不知所终，
一笑而泯。

2013. 悠闲和懒惰不同，前者是心态，后
者是品质。

2014. 无忏悔则无饶恕，无饶恕则无救赎。

2015. 欲望使人失败，无私令人成就；烦
恼使人痛苦，觉醒令人快乐；执着
使人束缚，放下令人解脱；无明使
人迷惑，智慧令人证悟。

2016. 越有修养的人，越会低调；越有内

涵的人，越会谦虚。

2017. 人越谦虚越高尚，水越流动越低下。

2018. 愤怒以愚蠢开始，以懊悔告终。

2019. 人类的一切智慧包含在"等待"和"希望"之中。

2020. 多见为常，少见多怪。

2021. 勇敢的人是自己的救星。

2022. 凡是喜欢教训别人的人，自己最不愿受到别人的教训。

2023. 存在虚伪的谦虚，但没有虚伪的骄傲。

2024. 顺利时趾高气扬，艰难时一定垂头丧气。

2025. 人生就像一本书，不在长，而在好。

2026. 只有健康才是人生。

2027. 健康胜过力量与美貌。

2028. 工作是人类生活中不可缺少的条件，劳动是人类财富的真正源泉。

2029. 强者从逆境中找回自己，弱者从自卑中丢失自己。

2030. 急则有失，怒则无智。

2031. 不拘常例，不违常情。

2032. 人生最大的幸运不是能一帆风顺，
而是掌握了不停变通的生存智慧。

2033. 行是勇气，停是智慧。

2034. 动起来，好运来。

2035. 天下大福，莫大于无贪欲；天下大祸，
莫大于欲无底。

2036. 功名利禄皆为身外之物，人生应当
多一些轻盈和快乐。

2037. 无功不受大禄，无助不受大礼，无
能不得大位。

2038. 爱岗尽职无憾，养家小康无忧，自
己开心无悔。

2039. 哭着来，笑着走。

2040. 了解别人是智慧，了解自己是圣明。

2041. 最大的祸患莫过于不知足，最大的
罪过莫过于贪得无厌。

2042. 放弃心中的块垒，但不放弃争胜的
气魄；放弃身上的冗物，但不放弃

战斗的利刃。

2043. 不要老求光鲜亮丽，要懂得和着尘世生长。

2044. 留些遗憾，可能是保住美善最好的药方。

2045. 知足的人是富有的，知足的人是有福的，合乎大道就能生长。

2046. 直面问题与逃离问题相比，会更少地暴露自己脆弱的那部分。

2047. 个人优势是自己最好的品牌。

2048. 苛求自己，造就的是重负之下疲惫不堪的人生；苛求世界，得到的则是世界的疏离甚至摒弃。

2049. 贪多必失，务广而荒。

2050. 人生就像一盘棋，必要时要学会弃卒保车。

2051. 不怕走弯路，就怕不走路。

2052. 人生不过百年，且行且珍惜。

2053. 选择高山，就勤奋登攀；选择宁静，就忍受孤单；选择机遇，就战胜风险；

选择求索，就不怕磨难；选择平淡，就甘做凡夫；选择出头椽子，就不怕先烂。

2054. 心累时，就换个角度看世界；压抑时，就换个环境深呼吸；困惑时，就换个位置去思考；犹豫时，就换个思路去选择；郁闷时，就换个环境找欢乐；烦恼时，就换个思维去排解；抱怨时，就换个方法看问题；自卑时，就换个想法去应对。

2055. 知进者乐，知足者德。

2056. 健全的理性成就健全的行为。

2057. 理智比心灵为高，思想要比感情可靠。

2058. 不后悔过去，也不恐惧未来。

2059. 只要有生命，就会有希望。

2060. 家败离不得个"奢"字，人败离不得个"逸"字，讨人厌离不得个"骄"字。

2061. 自己是自己命运的创造者。

2062. 凡是使生命扩大而又使心灵健全的
一切便是善良的；凡是使生命缩减
而又加以危害和压榨的一切便是
坏的。

2063. 高贵以美德为准。

2064. 思想是行动的种子。

2065. 思想可以使天堂变成地狱，也可以
使地狱变成天堂。

2066. 智者受理智的指导，常人受经验的
指导，愚昧者受需要的指导。

2067. 知足常乐，能忍自安。

2068. 世异则事变，时移则俗易。

2069. 宽容可以激发出凝聚力。

2070. 整瓶不摇半瓶摇。

2071. 马不打不奔，人不激不发。

2072. 咬得菜根，百事可做。

2073. 逆境可以造就强者。

2074. 大巧在所不为，大智在所不虑。

2075. 人不自爱，则无所不为；过于自爱，
则一无所为。

2076. 穷则变，变则通，通则久。

2077. 飘风不终朝，骤雨不终日。

2078. 月满则亏，物盛则衰。

2079. 酒极则乱，乐极则悲。

2080. 天下本事，庸人自扰之。

2081. 四海变秋气，一室难为春。

2082. 贪字近乎贫，婪字近乎焚。

2083. 有什么样的观念就有什么样的人生，
有什么样的想法就有什么样的生活。

2084. 动静不失其时。

2085. 侈则多欲。

2086. 不进则退。

2087. 意志是生命的最高表现。

2088. 希望是生命的源泉。

2089. 人生最大的挑战就是挑战自己。

20.90. 灵感从不拜访懒汉。

20.91. 永远不要做思想的懒汉。

20.92. 时间是人唯一的资本。

20.93. 进取要有勇气，竞争需要自信。

20.94. 人生永远在追求中。

2095. 谦逊基于力量，高傲基于无能。

2096. 生活就是面对矛盾和解决矛盾的过程。

2097. 当进则进，当退则退；只进不退，定生祸端；只退不进，无所作为。

2098. 越是隐藏的东西越能看出人的品质，越是细微的情节越能显出人的灵魂。

2099. 身心健康最要紧，功名利禄如浮云。

2100. 祸患常积于忽微，智勇多困于所溺。

2101. 希望是生命的灵魂，心灵的灯塔，成功的向导。

2102. 生命就是创造。

2103. 一目视则不明，一耳听则不聪，一足步则不行。

2104. 不可乘喜而多言，不可乘快而易事。

2105. 安危相易，祸福相生。

2106. 心中要有大事，眼中要有小事。

2107. 追求是动力，底线是刹车；动力决定速度，刹车决定平安。

2108. 庸人败于惰，能人败于傲。

2109. 时间本身并不能解决任何问题，真正能解决问题的是让自己学会珍惜时间。

2110. 真实是人生的命脉，是一切价值的根基。

2111. 被人揭下面具是一种失败，自己揭下面具是一种胜利。

2112. 有自信才有底气，有底气才有力量。

2113. 人生没有假设，当下即是全部。

2114. 没规划的人生叫拼图，有规划的人生叫蓝图；没目标的人生叫流浪，有目标的人生叫航行。

2115. 逆境时抬头是一种勇气和信心，顺境时低头是一种冷静和低调。

2116. 人心有定力，福就不会薄。

2117. 该为时为，不该为时不为，是人生的智慧。

2118. 动有章法，静有时序。

2119. 如果已有智慧而不知谦虚涵容，已有权势而不知肥遁退让，已有财富

而不知适可而止，最后终归不能长
保而自取毁灭。

2120. 经历铸就自信，自信铸就人生。

2121. 大道主简，大义微言。

2122. "取"是一种本事，"舍"是一门哲学;
没有能力的人取不足，没有通悟的
人舍不得。

2123. 天下一切画，都是自画像。

2124. 物来则应，过去不留。

2125. 机会没来要忍，机会来了要狠。

2126. 物极必反，数穷则变。

2127. 心有所畏，言有所成，行有所止。

2128. 财富源自积累。

2129. 人生最好的状态是不纠结不折腾，
自己与自己和睦相处。

2130. 心以收敛而细，气以收敛而静。

2131. 金钱能疗饥寒、驻颜容、解困厄、
利邦国，也污贤达、伤神智、令人
堕落。

2132. 财富人所羡，但须问来源。

 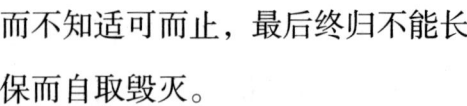

2133. 贤而多财则损其志，愚而多财则益其过。

2134. 心可逸，形不可不劳；道可乐，身不可不忧。

2135. 形不劳则怠情易弊，身不扰则荒废不立。

2136. 贪得者身富而心贫，知足者身贫而心富。

2137. 气象要高旷，不可疏狂；心思要缜密，不可琐屑；趣味要冲澹，不可枯寂；操守要严明，不可激烈。

2138. 宝物贵重，终可用金钱买到；而形象受损，万金难赎。

2139. 只有宽容和忍让，才能换来愉快的结果。

2140. 忍耐是一帖利于所有痛苦的膏药。

2141. 人生如月，月满则亏，凡事岂能尽人意，但求于心无愧。

2142. 月无日日圆，人无日日顺。

2143. 别跟傻瓜吵架，不然旁人会搞不清楚，到底谁是傻瓜。

2144. 存亡祸福，其要在身。

2145. 财不如义高，势不如德尊。

2146. 怒则思理，危不忘义。

2147. 福生于隐约，而祸生于得意。

2148. 尸位素餐，难以成名。

2149. 气烦则虑乱，视壅则志滞。

2150. 功者立功，祸者自祸。

2151. 从来倚个心平稳，遇险方知得力多。

2152. 吝则啬出，贪则渔利，怠荒则废事。

2153. 酬应简，则聪明全；心智壹，则利
     害审。

2154. 始于作伪，终于无耻。

2155. 快乐是衡量生命意义的尺度。

2156. 坦然接受无法改变的一切。

2157. 唯一能拯救自己的只有自己。

2158. 是非，始于庸者，止于智者。

2159. 人有逆天之时，天无绝人之路。

2160. 登山则情满于山，观海则意溢于海。

2161. 越是忧愁则越忧愁，越是烦恼则越

烦恼。

2162. 怠惰造成怀疑和恐惧，行动则产生
信心和勇气。

2163. 无聊者自厌，寂寞者自怜，孤独者
自足。

2164. 穷莫失志，富莫癫狂。

2165. 不要拿别人的错误来惩罚自己，不
要拿自己的错误来惩罚别人，不要
拿自己的错误来惩罚自己。

2166. 要有生趣，才能有生机。

2167. 看得透小事者豁达，看不透小事者
计较。

2168. 傲慢始终与相当数量的愚蠢结伴
而行。

2169. 心平则会自和。

2170. 性躁心粗者，一事无成；心和气平者，
百福自集。

2171. 气忿则不平，色厉则取怨。

2172. 眼睛要向前看，思想要向上看，生
活要向下看。

2173. 使时间短促的是活动，使时间漫长难忍的是安逸。

2174. 不幸时要满怀希望，顺利时应小心谨慎。

2175. 福莫福于少事，祸莫祸于多心。

2176. 处顺境其实非常危险，处逆境反而比较安全。

2177. 志不强者智不达，言不信者行不果。

2178. 志高则其言洁，志大则其辞弘，志远则其旨永。

2179. 没有比脚更长的路，没有比人更高的山。

2180. 人生没有如果，只有后果和结果。

2181. 有山必有路，有水必有渡。

2182. 怀疑一切与信任一切是同样的错误。

2183. 成名每在穷苦日，败事多因得志时。

2184. 顺风而呼者易为气，因时而行者易为力。

2185. 劝君不用镌顽石，路上行人口似碑。

2186. 维护声誉比取得声誉更艰难。

2187. 生活中没有参照物的人，可怜；选错参照物的人，可悲。

2188. 做好第一次并不难，难的是做好每一次。

2189. 背对太阳，阴影一片；迎着太阳，霞光万丈。

2190. 勇者，脚下都是路；智者，知道走哪一条路最好。

2191. 酸甜苦辣是生命的富有，赤橙黄绿是人生的斑斓。

2192. 贪心是最大的危房，良心是最好的住所。

2193. 生命不在于活得长与短，而在于顿悟得早与晚。

2194. 经历过磨难的人才是最有财富的人。

2195. 勉强应允不如坦诚拒绝。

2196. 人生最大的荣耀不在于从不跌倒，而在于每一次跌倒后都能爬起来。

2197. 当一道幸福之门关上，另一道门会随之打开。

2198. 只工作不娱乐使人愚钝。

2199. 最严重的错误莫过于不觉得自己有任何错误。

2200. 心理疾病比身体疾病更痛苦。

2201. 工作能撵走三个魔鬼：无聊、堕落和贫穷。

2202. 事越做越会做，人越忙越有空。

2203. 不抱怨的人生才有幸运降临。

2204. 每一次结束都是一次开始。

2205. 如果不考虑未来，就不能拥有未来。

2206. 拖延即偷窃时间。

2207. 节约本身就是最大的收入。

2208. 能处处寻求快乐的人才是最富有的人。

2209. 满足主要不是来自于巨大的财富而是很少的欲望。

2210. 言语可以是谎言并带有技巧，叹息才是心灵的自然流露。

2211. 生活中最使人筋疲力尽的事是弄虚作假。

 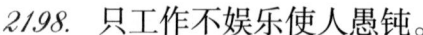

2212. 见博则不迷，听聪则不惑。

2213. 心有多大，世界就有多大；有什么样的心灵，就有什么样的人生。

2214. 守着过去的荣誉将会一事无成。

2215. 只要还活着，就没什么大不了的。

2216. 人生是一只杯子，舍不得适时倾倒它的人，品味不到醇厚的生活美酒。

2217. 聪明不是智慧，智慧一定聪明。

2218. 根浅的小树易被暴风刮倒，人只有负重时才不易跌倒。

2219. 不要随意发脾气，谁都不欠你的；现在很痛苦，等过一阵子回头看看会发现其实那都不算事。

2220. 挫辱是最大的动力，打击是最好的帮助。

2221. 一个人可以一无所有，唯独不能没有希望。

2222. 人生价值的体现在于不断的追求和努力。

2223. 缺陷是生命蜕壳时的伤痛，是幼稚走向成熟交的税。

2224. 只要人的信念不沉没，船就不会
沉没。

2225. 不可沉醉于过去的荣耀。

2226. 当感觉坚持不下去的时候，不妨转
变一种思路。

2227. 长处加上特别是特长。

2228. 不要让过去的错误成为明天的包袱。

2229. 难以实现的诺言比谣言更可怕。

2230. 高飞之鸟死于贪，深潭之鱼亡于饵。

2231. 一念之差，人生走岔。

2232. 希望是坚韧的拐杖。

2233. 压力面前敢于顶住，困难面前不言
放弃，咬紧牙走下去，就会在困难
中找到出路，在绝境中找到希望。

2234. 榜样是看得见的哲理。

2235. 当自己满目都是苍凉时，不妨转过
身来，用一双灵动的眼睛和一颗时
常感悟的心去开好生命的另一扇窗。

2236. 朝着一定目标走去的是"志"，一

鼓作气中途决不停止是"气"，两者合起来就是"志气"。

2237. 以恒心为良友，以经验为参谋，以当心为兄弟，以希望为哨兵。

2238. 生活就像海洋，只有意志坚强的人，才能到达彼岸。

2239. 懒惰像生锈一样，比操劳更能消耗身体；经常用的钥匙，总是闪亮亮的。

2240. 能守正道而不自乱则吉。

2241. "合群"有风险，"常理"保安全。

2242. 人的双肩，就是一肩挑权利，一肩挑责任，而走完人生旅程。

2243. 人生没有彩排，必须像现场直播一样，紧紧把握自己迈出的每一步。

2244. 只有经历人生的种种磨难，才能悟出人生的价值。

2245. 激情是一种生活态度，是精彩人生的原动力。

2246. 真正不计较回报的付出背后有着深厚的爱和广阔的胸怀。

2247. 信任的实质是对自我的肯定。

2248. 不能争到的就必须放弃掉。

2249. 人生，不求活得完美，但求活得实在。

2250. 人生活在世界上，都是在自觉不自觉地写书；写得好，写得坏，写得厚，写得薄，写得平庸，写得精彩，全看自己如何运笔。

2251. 人生最可贵的品格是本分自然地生活，踏踏实实地做事，兢兢业业地工作，诚诚实实地交友，心底坦荡地为人。

2252. 人生就像一个球，无论如何滚来滚去，总有在一个点上停止的时候。

2253. 遵循简单不会累，秉承宽容不会气，学会忘记不会烦，知道惧怕不会危，甘于示弱不会伤，保持低调不会亏，善于放弃不会苦，适度知足不会悔，时常感恩不会怨，懂得珍惜不会愧。

2254. 生活并不缺快乐，需要的是发现快乐的眼睛。

2255. 时间是单行道，过去了，回不来。

2256. 见利必先思害。

2257. 贫而有志，富而不骄。

2258. 心眼小的人，天地大不了。

2259. 心中无缺叫富，被人需要叫贵。

2260. 解决烦恼的最佳办法，就是忘掉
烦恼。

2261. 笑看风云淡，坐对云起时。

2262. 原谅就是解脱，知足就是放下。

2263. 不乱于心，不困于情，不畏将来，
不念过去。

2264. 自足常乐，自信常喜。

2265. 越贪婪越是什么也得不到，索取越
多反而会失去越多。

2266. 贪欲可以消灭财富、消灭地位、消
灭才华、消灭成功。

2267. 能干是一种素质，能处是一种境界，
能忍是一种修炼。

2268. 知足、知不足、不知足是人生航程
的"校正仪"。

2269. 大气之人，语气不惊不惧，气势不张不扬，静得优雅、动得从容、行得洒脱。

2270. 绝路逢生者必定有大彻大悟，劫后余生者必定会淡定从容。

2271. 心无愧怍，则无人而不自得；心无贪恋，则无往而不自安。

2272. 不厚费者不多营，不妄用者不过取。

2273. 不是冤家不聚头。

2274. 不困在豫慎，见祸在未形。

2275. 凡举事无为亲厚者所痛，而为见仇者所快。

2276. 志士惜日短，愁人知夜长。

2277. 勿谓寸阴短，既过难再获。

2278. 自在不成人，成人不自在。

2279. 人生在勤，勤则不匮。

2280. 俭开福源，奢起贫兆。

2281. 以俭立名，以侈自败。

2282. 人无贵贱，道在则尊。

2283. 积爱成福，积怨则祸。

2284. 福由己发，祸由己生。

2285. 能除患则为福，不能除患则为贼。

2286. 福无双至，祸不单行。

2287. 福至心灵，祸来神昧。

2288. 吃亏是福。

2289. 不受虚誉，不祈妄福，不避死义。

2290. 最大的智慧就是承认无知。

2291. 过去的艰辛是甜蜜的回忆。

2292. 累与不累，取决于自己的心态。

2293. 不要贪图无所不有，否则你将一无所有；不要试图无所不知，否则你将一无所知；不要企图无所不能，否则你将一无所能。

2294. 人要有着眼点，又要有落脚点；前者是战略，后者是战术。

2295. 面对失败和挫折一笑而过，是一种乐观自信；面对误解和仇恨一笑而过，是一种坦然宽容；面对赞扬和激励一笑而过，是一种谦虚清醒；面对烦恼和忧愁一笑而过，是一种平和释然。

2296. 熟悉的地方没有风景，不熟悉的地方有陷阱。

2297. 没有经济上的独立，就缺少"自尊"；没有思考上的独立，就缺"自主"；没有人格上的独立，就缺少"自信"。

2298. 一个人能成为什么，是因为他相信自己是什么。

2299. 什么错都不敢犯是最大的过错。

2300. 选择平庸的人生活在沙丘上，选择卓越的人生活在星星上。

2301. 简单不是简陋，而是简约和简化综合的美。

2302. 最微不足道的行动，胜过最大的勇气。

2303. 过于在乎世俗的看法，最终会成为世俗的牺牲品。

2304. 不切实际地想入非非，只会给自己增添烦恼。

2305. 损害你名声的不是别人的谗言，而是你自己的言行。

2306. 借口是滋生坏毛病的温床，善于找借口的人必将受其害。

2307. 不要理所当然地认为：你现在拥有的一切，都是理所当然的。

2308. 好运可以带来不幸，厄运却可以转化成幸运，有困境才会有希望。

2309. 抱怨和生气一样，都是拿别人的错误惩罚自己。

2310. 人生如同旅途，包袱越少就越轻松。

2311. 最危险之处或许最安全，最安全之处或许也最危险。

2312. 有度量去容忍那些自己改变不了的事，有勇气去改变那些自己可以改变的事；有智慧去区分上述两件事。

2313. 只有不安，才会觉醒；只有觉醒，才会忏悔；只有忏悔，才会看到良心，才会真正看清自己，并得到解脱。

2314. 活着很难，是因为生活的道路坎坷与崎岖；活着不难，是因为具有战胜坎坷与崎岖的勇气。

2315. 人的欲望好比海水，喝得愈多，愈是口渴。

2316. 需要的便是最好的。

2317. 能受苦方为志士，肯吃亏不是痴人。

2318. 治生莫若勤俭，立身莫若忠信。

2319. 金钱损失了还能挽回，一旦失去信誉就很难挽回。

2320. 行动可以如乞丐，但永远要有一颗高傲的心。

2321. 跪着虽不会跌倒，但可能被践踏。

2322. 挖一口真正属于自己的井。

2323. 失去不一定是损失，也可能是获得。

2324. 对每一次选择负责，就是对自己的人生负责。

2325. 明天的烦恼，今天无法解决。

2326. 放弃追逐繁复的完美，张开双臂拥抱简单的快乐。

2327. 不能只为了得到回报而付出。

2328. 人的一生，就是为自己思考的一生。

2329. 不矜自夸，可以很好地保护自己。

2330. 把快乐坚持到底才是人生最大的
成功。

2331. 接受不完美的自己，坦然面对人生
不平路。

2332. 每个人都是自己命运的设计师。

2333. 不能让有限的生命承载太多物欲的
压力。

2334. 不要去寻找好运，改变人生力量在
心中。

2335. 在自己的位置上，做好自己。

2336. 微笑能改变人生，积极能够拯救
命运。

2337. 停止抱怨，让内心布满阳光。

2338. 满怀希望，人生就不会绝望。

2339. 用积极心态，战胜不幸。

2340. 急功近利者反而会求之不得。

2341. 经历挫折的洗礼，人生之花才能更
娇艳。

2342. 失败是一笔不可缺少的财富。

2343. 困境是一所好的大学。

2344. 尽情地拥抱生活，善待自己就是拯救自己。

2345. 珍惜眼前，把握现在的幸福。

2346. 只有知足的满足，才是永久的满足。

2347. 莫言名与利，名利是身仇。

2348. 不苛求，让生命顺其自然。

2349. 天堂或是地狱，都将取决于自己的心境。

 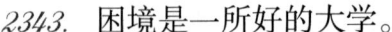

2350. 闲看庭前花开花落，漫随天外云卷云舒。

2351. 得意的时候，淡然坦荡；失意的时候，安之若素。

2352. 按图索骥画不出精彩人生。

2353. 一个人的改变，源自于自我的一种积极进取，而不是等待什么天赐良机。

2354. 勇往直前是种好习惯，但很多时候拐个弯会省下更多的时间和力气。

2355. 失去金钱事小，失去名誉事大，失去了勇气就失去了一切。

2356. 笨功夫成就真功夫。

2357. 走不完的前程，停一停，从容步出；
想不尽的心事，静一静，暂且抛开。

2358. 事在人为，休言万般皆是命；境由
心造，退后一步自然宽。

2359. 书是良田，传世莫嫌无厚产；仁为
安宅，居家何必构高堂。

2360. 脚比路长。

2361. 恐惧是心灵之魔。

2362. 冲动会酿成大祸。

2363. 攀比会使人生的天平倾斜。

2364. 生命不能被透支。

2365. 知足得安宁，贪心招祸患。

2366. 守时是最大的礼貌。

2367. 别让自己成"破窗"。

2368. 心随境转。

2369. 跳出心中的高度。

2370. 耐得住等待，苦尽甘来。

2371. 生命在，希望就在。

2372. 苦难是成长的殿堂。

2373. 不能改变就接受。

2374. 不碎的是意志。

2375. 怀旧情结适可而止。

2376. 悲观是自酿的苦酒。

2377. 自卑是心灵的钉子。

2378. 决定心情的是心境。

2379. 放弃是一种获得。

2380. 生存不是为了仇恨。

2381. 把握现在的快乐。

2382. 每天都活在当下。

2383. 回忆过去不如改善现在。

2384. 合适的才是最好的。

2385. 贪婪一定滋生祸端。

2386. 患难见真情。

2387. 追求完美反不完美。

2388. 心灵载不动太多的沉重。

2389. 谦虚永远有益。

2390. 偏执容易诞生"狂妄"。

2391. 孤独是人心病态的收藏。

2392. 恐惧是无知的影子，也是人生的敌人。

2393. 人生如果错了方向，停止就是进步。

2394. 人的一生就是进行尝试，尝试得越多，生活就越美好。

2395. 生命在闪光中显出灿烂，在平凡中显出真实。

2396. 生命的密度比生命的长度更值得追求。

2397. 庸者依赖命运，弱者等待命运，智者选择命运。

2398. 命运的大厦全靠自己设计建造。

2399. 命运的主宰是人自己，而人自己的主宰是意志。

2400. 笑口常开，青春常在；遇事不恼，长生不老。

2401. 常思人生短暂，不得不惜时；常思处世艰难，不得不努力；常思世态炎凉，不得不争气。

2402. 命运靠自己主宰，生活靠自己驾驭，事业靠自己奋斗，价值靠自己创造。

2403. 有责任心的人，是最有智慧的；不负责任的人，是最没有出息的。

2404. 苦难是人生的老师。

2405. 苦难对于天才是块垫脚石，对能干的人是笔财富，对弱者是个万丈深渊。

2406. 顺境造就幸运儿，而逆境造就伟人。

2407. 人生的价值，并不是用时间，而是用深度去衡量。

2408. 最值得高度珍惜的莫过于每一天的价值。

2409. 人有了衣食，只能算生存；有了理想信念，才能算生活。

2410. 人的活动如果没有理想的鼓舞，就会变得空虚而渺小。

2411. 哀莫大于心死，愁莫大于无志。

2412. 有志者立长志，无志者常立志。

2413. 希望是生命的灵魂、心灵的灯塔、成功的向导。

2414. 希望是一种对未来光荣的预期，人其实是生活在希望之中。

2415. 哪里没有希望，哪里就不可能有努力。

2416. 确定目标就是确定人生，实现目标就是升华人生，而为目标拼搏则是充实人生。

2417. 目标能认识到自己的使命，目标能看到自己前进的方向，目标能激发自己的潜能。

2418. 没有目标而生活，恰如没有罗盘而航行。

2419. 人生的追求，应适合自己，并与时代发展同步。

2420. 有什么样的行为就有什么样的名声。

2421. 人不一定伟大，但可以崇高。

2422. 人生不如意十之八九；要常想一二，不思八九。

2423. 什么都可以丢，但不能丢脸；什么都可以接受，唯独屈辱不能接受。

2424. 积极心态像太阳，照到哪里哪里亮；消极心态像病毒，传到哪里哪遭殃。

2425. 人之性情，莫不由习。

2426. 骄傲来自浅薄，狂妄出于无知。

2427. 自满、自高自大和轻信，是人生的三大暗礁。

2428. 势不可使尽，福不可享尽，便宜不可占尽，聪明不可用尽。

2429. 在艰苦的日子里要坚强，在幸福的日子里要谨慎。

2430. 能够了解自己的人，是聪明的人；善于了解别人的人，是有智慧的人。

2431. 全则必缺，极则必反，盈则必亏。

2432. 以愤怒开始，以羞愧告终。

2433. 事业是人生辉煌的标志，是人生不朽的丰碑。

2434. 工作是一种乐趣时，生活是一种享受；工作是一种义务时，生活则是一种苦役。

2435. 一生之计在于勤。

2436. 勤奋的人，天天生活在希望中；懒惰的人天天生活在失望中。

2437. 懒惰是一切罪恶的源泉。

2438. 后悔过去，不如奋斗将来。

2439. 恒心就是热情上不降温，精力上不分散，意志上不衰减，时间上不间断。

2440. 苟有恒，何必三更眠五更起；最无益，莫过一日曝十日寒。

2441. 昨天是历史，明天是谜语，而今天是礼物；昨天已经过去，明天尚未到来，唯有可把握的是今天。

2442. 时间不能收藏，只有把每一天当作生命的最后一天的人，才真正懂得其价值。

2443. 时间与潮流不会等待任何人。

2444. 对时间的价值没有深切认识的人，绝不会坚韧勤勉。

2445. 最浪费不起的就是时间。

2446. 浪费时间就是最大的挥霍。

2447. 抛弃时间的人，时间也抛弃他。

2448. 在时间的大钟上，只有两个字——现在。

2449. 惜时始于少，惜时在于寸，惜时贵于恒，惜时重于今。

2450. 消磨时间是生存，利用时间是生活。

2451. 最为宝贵的莫过于"今天"。

2452. 忘掉今天的人多被明天忘掉。

2453. 不惜寸阴于今日，必留遗憾于明朝。

2454. 来世不可待，往事不可追。

2455. 最聪明的人是最不愿意浪费时间的人。

2456. 合理地安排时间，就等于节约时间。

2457. 选择机会，就是节省时间。

2458. 不要在空谈上浪费时间。

2459. 人的差异在于业余时间。

2460. 人要有丰富的情感，但不能感情用事。

2461. 善用理智驾驭好自己的情感，而不被情感所奴役。

2462. 用理智净化感情，用修养来运作感情，用道德来引导感情。

2463. 情感丰富固然是一切美德的源泉，
但也是酿成许多灾难的始因。

2464. 理智所不容的，情感有可能迁就。

2465. 理智是最高的才能，但是不控制感
情，它就不可能获胜。

2466. 生活的秘诀在于永远不可生发出有
失体统的情感。

2467. 任何感情只有在自然的时候才有
价值。

2468. 一个人在急难中，最容易流露真情。

2469. 贫贱之知不可忘，糟糠之妻不下堂。

2470. 儿孙自有儿孙福，莫为儿孙作远忧。

2471. 坎坷的道路上可以看出毛驴的耐力，
患难的生活中可以看出友谊的忠诚。

2472. 婚姻需要呵护与经营：理解宽容，
生活合拍；风雨同舟，终身相伴。

2473. 对爱情不必勉强，对婚姻则要负责。

2474. 思路决定出路，想法决定活法，有
什么样的智慧，有什么样的眼界，

就有什么样的生活。

2475. 心态好，生活就好。

2476. 生活不仅仅是为了活着，而是为了活得幸福。

2477. 生活是一面镜子，你对它笑，它就对你笑；你对它哭，它也对你哭。

2478. 一个人的生活完全是他的思想所形成的。

2479. 生活与工作一样，一切都应该立足实际。

 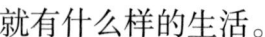

2480. 生活只有在平淡无味的人看来才是空虚而平淡无味的。

2481. 要想生活得快乐，就必须热爱生活。

2482. 相信生活，它给人的教益比任何一本书籍都好。

2483. 生于忧患，死于安乐。

2484. 做有意义的事情，其本身就是对生活的享受。

2485. 与其想着如何活得长，还不如想想如何过得好。

2486. 有所作为是生活中的最高境界。

2487. 重要的是生活的深度，而不是虚有其表的广度。

2488. 丰富多彩是生活的调料，它使生活充满趣味。

2489. 生活而不为生活俘虏。

2490. 健康不是一切，但一切都需健康。

2491. 金钱是子女的，地位是暂时的，荣誉是过去的，健康是自己的。

2492. 健康是人生第一财富。

2493. 健康是智慧的条件，是愉快的标志。

2494. 人生有进有退，有得有失，输什么也不能输心情。

2495. 生活难，难就难在选择。

2496. 自信乐观的生活，乃是最好的生存法则。

2497. 没有跨不过的坎，没有过不去的沟。

2498. 大成者平和，小成者嚣张。

2499. 一正压百邪，少见必多怪。

2500. 抱怨如同诅咒，怨言越多越容易退步。

2501. 天不言自高，地不言自厚。

2502. 低头的是麦穗，仰头的是稗子。

2503. 由其道则行，不由其道则废。

2504. 处逆境心须用开拓法，处顺境心要用收敛法。

2505. 一失足成千古恨，再回头已百年身。

2506. 多行不义必自毙。

2507. 生活有度，人生添寿。

2508. 娇养不如历艰。

2509. 不义之财，必至招祸。

第十辑　幸福密码

2510. 知足常乐，最简单的幸福方法。

2511. 享受过程，幸福的最终答案。

2512. 少一点抱怨，就多一点快乐。

2513. 幸福源于不断学习、懂得感恩、宽容大度、内心简单、恰当比较。

2514. 爱出者爱返，福注者福来。

2515. 幸福永远是随着需要、追求、希望、创造而来。

2516. 选择决定成败，幸福在于选择。

2517. 略尝辛苦方为福，不作聪明便是才。

2518. 不幸福的人，随时都在计算自己有多少痛苦。

2519. 获取幸福的不二法门是珍惜自己所拥有的，遗忘自己所没有的。

2520. 幸福就是当你照镜子的时候，喜欢你看到的那个人。

2521. 人生中最永恒的幸福就是平凡，最长久的拥有需懂得珍惜。

2522. 幸福如人饮水，冷暖自知，自己的幸福不在别人眼里，而在自己心里。

2523. 幸福不取决于外界环境，它由自己的心态来决定。

2524. 聪明的人，总在寻找好心情；成功的人，总在保持好心情；幸福的人，总在享受好心情。

2525. 真正的快乐是对生活的乐观，对工作的热爱，对事业的热忱。

2526. 人生有三乐：自得其乐，知足常乐，助人为乐。

2527. 贪婪和幸福永远不会见面。

2528. 有苦才有乐。

2529. 快乐法则：不可纠缠小事，任何事都是小事。

2530. 美满的婚姻不是一辈子不吵架，而是吵架了还能生活一辈子。

2531. 不幸婚姻的症结在于：婚前把疤痕看成酒窝，婚后把酒窝看成疤痕。

2532. 如烟往事俱忘却，心底无私天地宽。

2533. 少欲，才是人生最大的幸福；知足，才是人生最大的富裕；爱心、才是人生最初的良伴；智慧，才是人生最好的明灯。

2534. 快乐其实就是身体的无痛苦和灵魂的无纷扰。

2535. 生命的快乐在行动中。

2536. 简单就是快乐，幸福就是知足。

2537. 亲善产生幸福，文明带来和谐。

2538. 什么都不信的人不会有幸福。

2539. 灾祸或幸福没有不是自己找来的。

2540. 幸福在于追求和奋斗。

2541. 承担责任是一种幸福，逃避责任就等于逃避幸福。

2542. 被需要的人是幸福的。

2543. 大格局才有大幸福。

2544. 工作就是学习，成长就是幸福。

2545. 情趣越丰富，生活越美满。

2546. 决定幸福的，有时候是能力，更多的时候是心态。

2547. 快乐是一种精神。

2548. 知足才能体味幸福。

2549. 回归本真才能快乐生活。

2550. 运动的快乐源于对健康的期望，奋斗的快乐源于对成功的期盼。

2551. 平平淡淡才是真，简简单单才是福。

2552. 顶不住眼前的诱惑，便失掉未来的幸福。

2553. 拥有一切，未必幸福；感恩一切，才会幸福。

2554. 健康使人快乐，快乐使人健康。

2555. 幸福存在于心灵的平和及满足中。

2556. 热爱生命是幸福之本，同情生命是道德之本，敬畏生命是信仰之本。

2557. 幸福不是奖赏，而是结果；苦难不是惩罚，而是报应。

2558. 精力充沛是永恒的快乐。

2559. 真正的愉快之本在于良心。

2560. 幸福在于自知拥有幸福。

2561. 知足是人生在世最大的幸福。

2562. 稳不住幸福，亦躲不过悲伤。

2563. 有所成就是人生唯一的真正的乐趣。

2564. 从希望中得到欢乐，在苦难中保持坚韧。

2565. 友谊既是快乐之源泉，又是健康之要素。

2566. 保持乐观的心态，是快乐之本。

2567. 平和、平静、平淡是快乐幸福的"主打歌"。

2568. 没有痛苦就是很大的幸福。

2569. 快乐是一种心态，不是一种状态。

2570. 幸福不是期待没有的东西，而是享受拥有的东西。

2571. 幸福就是不让悲伤感染，而让快乐永驻心间。

2572. 幸福的源泉，在于懂得知足和对生命的感恩。

2573. 降低幸福的标准线，幸福触手可及。

2574. 忍耐是审时度势的远见，是人生幸福的良药。

2575. 活着就是莫大的幸福。

2576. 幸福的秘密是现在。

2577. 自由就是幸福。

2578. 知识便是光明和幸福，无知便是谬误与黑暗。

2579. 工作是使生活得到快乐的最好方法。

2580. 兴趣产生激情，激情带来快乐。

2581. 建立在理性上的婚姻才可能是幸福的婚姻。

2582. 简单的生活是一种境界，是一种化繁为简的生活技艺，是能够净化人们心灵的神秘武器；只有简单着，才能快乐着。

2583. 懂得付出，才能收获快乐。

2584. 心中要有红绿灯，幸福平安伴终生。

2585. 生命的过程就是追寻快乐的过程。

2586. 行正、言正、心正，仰无愧于天，俯无愧于地，行无愧于人，止无愧于心，生活才会幸福快乐。

2587. 只看重结果不看过程的人，无法享受到真正的人生乐趣。

2588. 快乐每从辛苦得，便宜多自吃亏来。

2589. 幸福的首要条件在于健康。

2590. 幸福与成功相伴，幸福与奋斗同行。

2591. 生活充实就是幸福。

2592. 充分自信、完全自给的人是最幸
福的。

2593. 希望就是快乐，创造便是快乐。

2594. 人之幸福，全在于心之幸福。

第十一辑　修身方法

2595. 清心是一种智慧，节俭是一种美德，简约是一种文明。

2596. 要注意你的思想，思想会变成你的语言；要注意你的语言，语言会变成你的行为；要注意你的行为，行为会形成你的习惯；要注意你的习惯，习惯会形成你的性格；要注意你的性格，性格会决定你的命运。

2597. 能力是练出来的，做人的境界是"修"出来的。

2598. 只有养成自己的兴趣，内心才有执着的追求。

2599. 敬畏传统方能坚守恒常，谦逊内敛方能豁达冲融，谨慎求索方能吐故纳新，常怀忧患方能心存远大。

2600. 修炼决定心境，心境决定境界。

2601. 善是一种循环，起点是爱终点也是爱。

2602. 认识错误是拯救自己的第一步。

2603. 接受别人的忠告，其实是在享受对方的思想高度。

2604. 不注意洁身自爱，再舒服也是暂时的。

2605. 玩物往往丧志，贪欲难免败身。

2606. 不经历痛苦的心灵难以深厚仁慈。

2607. 没有爱就没有教育。

2608. 慎独于心，就不会跌跟头。

2609. 人生不经忧患，则德慧不成。

2610. 成佛纵要千刀万剐，成人则要千锤百炼。

2611. 大多数人想要改变这个世界，但罕有人想改变自己。

2612. 要敬畏真理，不逢迎谬误；敬畏灵魂，不放浪形骸；敬畏众生，不献媚权贵。

2613. 在正直的道路上，横行肯定危险。

2614. 要善于整改问题，但不能一味地往问题里钻。

2615. 心有敬畏，行有所止。

2616. 善于活得简洁：纯洁价值取向，拒绝名利诱惑，摆脱官场陋习，净化人际关系，重视心灵减负。

2617. 千难万难，放下欲望就不难。

2618. 心灵上要常清清尘，精神上要常补补钙，行动上要常洗洗澡。

2619. 当一个人真正觉悟的一刻，便会放弃追寻外在世界的财富，而开始追寻自己内心世界的真正财富。

2620. 人有恒心万事成，人无恒心万事崩。

2621. 千善之后作一恶，前功尽弃；以前作恶，明白之后弃恶从善，并且一善到底，也能成"正果"。

2622. 金玉其内，方能光华其外。

2623. 勤劳砥砺品性，思想创造未来。

2624. 学会忽略，它是通向内在平静的一条大路。

2625. 若要身体好，经常洗洗澡。

2626. 病从口入，又从心生。

2627. 寒从脚起，病从口入。

2628. 大水不到先垒坝，疾病没来早预防。

2629. 三分医，七分养，十分防。

2630. 大病要养，小病要抗，无病要防。

2631. 多喝茶少生病；好茶一杯，精神百倍。

2632. 晨起皮包水，睡前水包皮，健康又长寿，百岁不称奇。

2633. 素食为主，狂食为禁；淡食为宜，杂食为优；慢食为佳，粗食为好。

2634. 早饭吃好，午饭吃饱，晚饭吃少。

2635. 饭养心，乐养心。

2636. 若要身体安，三分饥和寒。

2637. 安身之本，必资于食。

2638. 量腹而受，量身而衣。

2639. 怒时勿食，食时无怒，醉后勿饮冷，饱食无便卧。

2640. 机器不擦要生锈，人不卫生要短寿。

2641. 水停百日生毒，人闲百日生病。

2642. 精神不运则愚，血脉不运则病。

2643. 脑子越用越好，身体越炼越强。

2644. 怒是长寿的天敌，也是过失的先导。

2645. 人到无求，心自安宁。

2646. 知足常乐，无求常安。

2647. 热爱生命，相信未来。

2648. 人若被财困住了，一生都要受它的驱使；人若是被色迷住了，一生都会摆脱不了它的影响。

2649. 毛毛细雨湿衣裳，点点私心毁名节。

2650. 自重是拒腐防变的基础，自省是拒腐防变的关键，自警是拒腐防变的屏障，自励是拒腐防变的动力。

2651. 业余时间可以造就一个人，但也能毁掉一个人。

2652. 不妄求，则心安；不妄做，则身安。

2653. 乐观是养生的唯一秘诀。

2654. 勤能补拙，俭可养廉。

2655. 多言即少味，无欲斯有为。

2656. 德从宽处积，福向俭中求。

2657. 修身莫先寡欲，用意不如平心。

2658. 养身在动，养心在静；于物勿贪，于事勿随。

2659. 好身体，三分是天生，七分是锻炼；好头脑，三分是智商，七分是学习；

好习惯，三分是约束，七分是自律。

2660. 行谨则能坚其志，言谨则能崇其德。

2661. 己立立人，己达达人。

2662. 以受约束为常事，则不会心生不满。

2663. 心净，是意识的洗礼；心静，是思想的铸造；心境，是灵魂的成熟。

2664. 刀不磨砺不快，人不磨炼不强。

2665. 闲逸磨损意志，勤奋陶冶智慧。

2666. 酒多人癫，书多人贤。

2667. 镜明则尘埃不染，智明则邪恶不生。

2668. 困难是锻炼人的熔炉，艰苦是考验人的战场。

2669. 知错改错不算错，知错不改错中错。

2670. 有过是一过，不肯改过又一过。

2671. 欲生于无度，邪生于无禁。

2672. 要无闷，安本分；要无愁，莫妄求。

2673. 谨防怒中性，慢发喜中言。

2674. 腐木不可为柱，坏人不可为伍。

2675. 水滴积多变成大海，经历集多成学问。

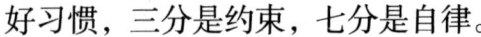

2676. 巧干来自熟练，熟练来自实践。

2677. 骏马是骑出来的，能人是干出来的。

2678. 父母是孩子的样子，子女是父母的镜子。

2679. 爱护是教育的基础，说服是教育的前提。

2680. 节食以去病，寡欲以延年。

2681. 暴饮暴食容易生病，定时定量可保安宁。

2682. 要想身体好，吃饭不过饱。

2683. 食多伤胃，忧多损身。

2684. 饮食贵有节，锻炼贵有恒。

2685. 若想百病不生，常带饥饿三分。

2686. 衣要看天穿，饭要按时吃。

2687. 要想自强病痛少，锻炼卫生最重要。

2688. 坐如钟，站挺胸，卧如弓，走如风。

2689. 以俭克欲防诱惑。

2690. 学问再多，也别满足；过失再小，也别忽略。

2691. 近恶者沾染恶习，近善者陶冶美德。

2692. 否认一次错误，等于重犯一次过失。

2693. 安逸使人志消，勤奋使人志高。

2694. 节欲是最好的药品。

2695. 富润屋，德润身。

2696. 正直是最好的策略。

2697. 口腹不节，致病之因；念虑不正，
杀身之本。

2698. 安乐有致死之道，忧患为养生之本。

2699. 节食则无疾，择言则无祸。

2700. 欲望不能无止境，要求不能无限度。

2701. 检身若有过，万事严中取。

2702. 钢铁的炼成需要锤炼和高压。

2703. 最好的医生是自己，最好的医院是
厨房，最好的药物是饮食，最好的
疗效是坚持。

2704. 最好的保健是锻炼，最好的养颜是
睡眠，最好的养生是放松。

2705. 勤能补拙，俭能养廉，静能生悟。

2706. 身上事少，自然苦少；口中言少，
自然祸少；腹中食少，自然病少；

心中欲少，自然忧少。

2707. 多余的脂肪会压迫人的心脏，多余的财富会拖累人的心灵。

2708. 心静则明白事理，心净则无愧于心。

2709. 恶劣的情绪乃是百病之源。

2710. 食饮有节，起居有常。

2711. 心境缘于心静，心静又缘于心净。

2712. 邪生于无禁，欲生于无度。

2713. 俭可养廉，谦必清政。

2714. 注意清除自己身上的负能量，彻底弘扬自己身上的正能量。

2715. 把自己清零，世界就在面前。

2716. 养心莫善寡欲，至乐无如读书。

2717. 身体靠锻炼，心灵靠读书。

2718. 小德不修，大德必失。

2719. 心无私欲，自然会刚；人无邪念，自然会正。

2720. 独善其身方能兼济天下。

2721. 清风凉自林谷出，廉洁源从自律来。

2722. 以"钉子"精神加强学习，以"镜子"

精神反省自我，以"鞭子"精神奋发进取，以"铁锤"精神敢于碰硬，以"杆秤"精神公正待人。

2723. 道不可坐论，德不能空谈；知行合一是修身立德的根本。

2724. 保持不及、求缺的境界，方可做到大智若愚、持盈保泰。

2725. 干部要在干事中长本事，在历练中变"老练"。

2726. 不经历非常之事，难以成非常之才。

2727. 少一些人是人非的闲谈，少一些无关紧要的应酬，少一些无益身心的娱乐，少一些没有必要的交往，少一些百无聊赖的空想。

2728. 改变性格从培养习惯开始。

2729. 欲扫天下，先扫己屋。

2730. 当行则行，该止则止。

2731. 自勉重在将来，自省需要回顾；责人宜宽，律己要严。

2732. 守得住寂寞，才能拥有繁华。

2733. 一个榜样胜过书上的一百条教诲，一个竞争对手胜过一百个追随者。

2734. 在小圈子里生活久了，气度都会变小。

2735. 慈善是道德积累的开端。

2736. 苦难净化心灵，悲剧使人崇高。

2737. 世界上没有人从小就想当坏人，坏人都是在坏环境中缺乏自律造成的。

2738. 学会给自己合理定位，既不要满足现状，也不要苛求自己。

2739. 学识决定底蕴，见识决定水平，胆识决定气魄。

2740. 阅历水平在于体验和总览。

2741. 最好的习惯是让自己愉快每一天。

2742. 百年相传唯尚俭，一丝能惜即修身。

2743. 爱心和智慧是最好的心灵良药，爱心能感化他人，智慧可精化自己。

2744. 改过不吝，从善如流。

2745. 快乐对身体有益，但痛苦能使思想成熟。

2746. 承认无知是进步的开始。

2747. 习惯是人生最有力的向导。

2748. 习惯形成性格，性格决定命运。

2749. 正能量多是逆人潜意识的，需赞；
负能量多是顺人潜意识的，需遏。

2750. 欲炽则身亡。

2751. 行忍性情，然后能修。

2752. 常与高人交往，闲与雅人相会，每
与亲人休闲。

2753. 勤以修身，简以养德。

2754. 不能制约自己的人，不可能成为自
由的人。

2755. 劳作教养身体，学习教养心灵。

2756. 健康的身体是灵魂的客厅，病弱的
身体是灵魂的监狱。

2757. 悲观的虽生犹死，乐观的人永生
不老。

2758. 水若停滞即失其纯洁，心不活动精
气立消。

2759. 善养生者，食不过饱，饮不过多，

冬不极温，夏不极凉。

2760. 不极饥而食，食不过饱；不极渴而饮，饮不过多。

2761. 如果道德败坏了，趣味也必然会堕落。

2762. 贪欲使人无所不为。

2763. 名节大于天。

2764. 品性是一个人的守护神。

2765. 美德是健康，恶习是疾病。

2766. 反省是一面莹澈的镜子，它可以照见心灵的污点。

2767. 不患位之不尊，而患德之不崇；不耻禄之不多，而耻智之不博。

2768. 知理则不屈，知势则不沮，知节则不穷。

2769. 经验是智慧的源泉。

2770. 任何教育都不如灾难教育。

2771. 真金在烈火中炼就，勇气在困难中培养。

2772. 不幸是一所最好的大学。

2773. 木受绳则直，人受谏则圣。

2774. 大怒不怒，大喜不喜，可以养心。

2775. 道自微而生，祸自微而成。

2776. 锄一恶，长十善。

2777. 谨言慎行，立德之基。

2778. 做人要学会聆听，听智者之言可以启迪智慧，听批评之言可以反躬自省。

2779. 律己如走钢丝，步步须谨慎。

2780. 要用行动控制情绪，不要让情绪控制行动；要让心灵启迪智慧，不能让耳朵支配心灵。

2781. 御寒莫如重裘，止谤莫如自修。

2782. 久坐等死。

2783. 清白的良心是温柔的枕头，能使人睡得更香甜、更安稳。

2784. 心境好，病难找。

2785. 食不过饱，饮不过量。

2786. 品行要从自己的行动中表现出来，名声则需要别人认可才能树立。

2787. 知畏惧成人，知羞耻成人，知艰难
成人。

2788. 惟敬可以胜怠，唯勤可以补拙，唯
俭可以养廉。

2789. 行慎则能坚其志，言慎则能崇其德。

2790. 不自重者致辱，不自畏者招祸。

2791. 乐不可极，乐极生哀；欲不可纵，
纵欲成灾。

2792. 心治则百节皆安，心扰则百节皆乱。

2793. 心安病自除。

2794. 少肉多菜，少糖多果，少酒多水，
少烟多茶，少盐多醋，少怒多笑，
少衣多浴，少说多做，少停多动，
少药多炼。

2795. 谨慎和自制是智慧的源泉。

2796. 美好的名誉靠品德和贡献才能获得。

2797. 起初是自己造成习惯，后来是习惯
造成自己。

2798. 把挫折当做成长的阶梯。

2799. 文明，不去实践就不可能抵达；法治，

不去奉行就无以彰显公正；诚信，不去坚守就难以成为风尚。

2800. 价值观的影响犹如空气一样，无处不在、无时不有，它涵化于生活的点点滴滴，落脚在人的一言一行。

2801. 惟其艰难，才更显勇毅；惟其笃行，才弥足珍贵。

2802. 俭则约，约则百善俱兴；侈则肆，肆则百恶俱纵。

2803. 愤怒往往以愚蠢开始，以后悔结束。

2804. 小洞不补，大洞吃苦。

2805. 小事当慎，小节当拘；心明如镜，不让纤尘。

2806. 痛莫大于不闻过，辱莫大于不知耻。

2807. 安详属于强者，焦躁流露幼稚。

2808. 德教为先，修身为本。

2809. "自制"通向"长治"。

2810. "知止"而心定，定而后能静，静而后能安。

2811. 千保健，万保健，心理平衡是关键；

千养生，万养生，心理平衡是"真经"。

2812. 治病先治神，药疗先疗心。

2813. 头要常凉，脚要常热，身要常动，
心要常静。

2814. 大笑养心，抑郁"伤心"。

2815. 牢骚满腹气肠断，怒气冲天心肝伤。

2816. 人以自知之明为贵，官以自知之短
为尊。

2817. 多见者博，多闻者智；拒谏者塞，
专己者孤。

2818. 坚守"砥砺德行，立己立人"的道
德追求，坚守"守正笃实，久久为功"
的平和心态，坚守"宠辱不惊，自
信自励"的人生哲学。

2819. 官大官小，没完没了；钱多钱少，
总有烦恼；心态平和，一切都好。

2820. 好干部是"教"出来的，"不勤教，
无以为仁"。

2821. 好干部是"管"出来的，"刀不磨
要生锈，人不管要落后"。

2822. 谦逊，意味着有自知之明。

2823. 心宽能容，心静能安，心诚得平，心顺则解。

2824. 识见小，才气亦小；识见大，才气就大。

2825. 学问深时意气平。

2826. 领导魅力，从高尚品德中来，从过硬本领中来，从优良作风中来，从良好情商中来。

2827. 多听听肖邦，可少几分粗俗；多看看冰心，会少一点儿无赖。

2828. 静能养神，静可生慧。

2829. 品格从来就不受知识和财富的左右。

2830. 小节失守，大患必临。

2831. "一念之非即遏之，一动之妄即改之"，守得住言行，保得住名节。

2832. 闻过则喜，知过不讳，改过不禅。

2833. 心正行则正，心偏身则偏。

2834. 顺境时靠美德节制，逆境时靠美德坚忍。

2835. 智慧源于多兼听。

2836. 耳无妄听，目无妄顾，口无妄言，
心无妄虑。

2837. 自修为止谤之本。

2838. 日日知非，日日改过。

2839. 当你有了天才的感觉，你就会成为
天才；当你有了英雄的感觉，你就
会成为英雄。

2840. 言顾行，行顾言。

2841. 修身则道立，尊贤则不惑。

2842. 不诱于誉，不恐于非。

2843. 树德莫如滋，除害莫如尽。

2844. 贵以贱为本，高以人为基。

2845. 多欲亏义，多忧害智，多惧害勇。

2846. 患生于多欲，害生于弗备。

2847. 规小节者不能成荣名，恶小耻者不
能立大功。

2848. 以人之长补其短，以人之厚补其薄。

2849. 知己曰明，自胜曰强。

2850. 内省不疚，何惧人言。

2851. 善不积，不足以成名；恶不积，不足以灭身。

2852. 知过非难，改过为难；言善非难，行善为难。

2853. 志不博而不能守约，志不笃则不能力行。

2854. 宁为玉碎，不为瓦全。

2855. 操存涵养，则不可不紧；进学致知，则不可不宽。

2856. 得失之心未去，则不得；得失之心去，则得之。

2857. 欢喜是治病的关键，忧愁是生病的根源。

2858. 穷理知言则知止，集义养性则有定。

2859. 人身逸则弱，劳则强。

2860. 教以治人心，医以治人身。

2861. 不读诸葛亮的《出师表》，不知何为患；不读李密的《陈情表》，不知何为孝；不读司马迁的《报任安书》，不知何为义；不读文天祥的

《正气歌》，不知何为节；不读范
仲淹的《岳阳楼记》，不知何为胸怀。

2862. 立业先立人，立人先立德。

2863. 树靠人修，人靠自修。

2864. 戒骄戒躁才能精进，虚怀若谷方成
大器。

2865. 日日行，不怕千万里；常常做，不
怕千万事。

2866. 习闲成懒，习懒成病。

2867. 醇厚温和的性情来自于自爱，偏执
妒忌的性情产生于自私。

2868. 自己养成廉洁自律、不贪不占的习
惯，家人就不敢有非分之想；自己
勤俭治家、和顺齐家，家人就会自
觉遵守社会公德、职业道德、家庭
美德；自己一身清白，家风才能清新，
家门才能清正。

2869. 无欲自然心似水，有营何止事如毛。

2870. 惟俭可以助廉，惟恕可以成德。

2871. 名誉自屈辱中彰，德量自隐忍中大。

2872. 名节重泰山，利欲轻鸿毛。

2873. 务名者害其身，多财者祸其后。

2874. 精神爽快，心气和平；饮食有节，寒暖当心；起居以时，劳逸均匀。

2875. 经得起各种诱惑和烦恼的考验，才算达到了最完美的心灵健康。

2876. 最有利于增进身体健康的是愉快和满足。

2877. 腾不出时间娱乐的人，早晚会被迫腾出时间生病。

 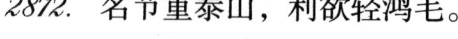

2878. 欲淡则心虚，心虚则气清，气清则理明。

2879. 骨宜刚，气宜柔；志宜大，胆宜小；心宜虚，言宜实。

2880. 经一番挫折，长一番识见；容一番横逆，增一番器度。

2881. 忧患增人慧，艰难玉汝成。

2882. 自重是第二信仰，是约束万恶之本。

2883. 勇于承担责任是激发无限潜能和完善自身的最好方法。

2884. 名声是奋斗的结果，绝不是奋斗的目标。

2885. 无过是一种假象，思过是一种成熟，改过是一种美德。

2886. 克制应有限度，超过了限度就不再是美德。

2887. 心里想的是什么，就会变成什么样的人。

2888. 崇高的目标造就崇高的品格，伟大的志向造就伟大的心灵。

2889. 自顾自者不足以成大器。

2890. 自私和抱怨是心灵的阴暗，愉快的爱则使视野明朗开阔。

2891. 挫折是宝贵财富，人总是在风雨中成长，在苦难中坚强。

2892. 只有不断追求，才能不断前进。

2893. 追求永无止境，不断给自己设定新目标。

2894. 时常提醒自己不可忘乎所以。

2895. 应有底线但不能给自己设高度。

2896. 择机而动，顺势以致远；择路而行，顺畅以致远；择善而从，修身以致远。

2897. 清心为治本，直道是身谋。

2898. 自觉心是进步之母，自贱心是堕落之源。

2899. 近不修，则无以行远路；低不修，则无以登高山。

2900. 要当老实人，做本分事，遵循客观规律，信守天地良心，以拙立身，以拙创业，以拙求进。

2901. 慎思慎言，慎初慎终，慎行慎微，慎权慎独。

2902. 时刻警惕自己出危险。

2903. 想成为什么样的人，就和什么样的人在一起。

2904. 能干、能处、能忍是进步前行的"大阶梯"。

2905. 正身直行，众邪自息。

2906. 君子虽殒，善名不灭。

2907. 忠心正气，千古不磨。

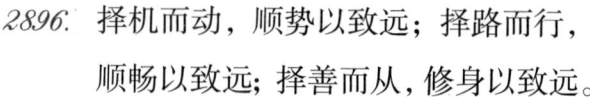

2908. 言不苟出，行不苟为；择善而后从事。

2909. 处无为之事，行不言之教。

2910. 择其善者而从之，其不善者而改之。

2911. 居安畏其危，处满俱其盈。

2912. 自满者招其损，谦虚者受其益。

2913. 不以奢为乐，不以廉为悲。

2914. 不节，则虽盈必竭；能节，则虽虚必盈。

2915. 德以俭为本。

2916. 人有修者，乃会有恒；有恒者，人舍之，天助之。

2917. 阴平阳秘，精神乃至；阴阳离决，精气乃绝。

2918. 小谨者不大立，訾食者不肥体。

2919. 内疾不生，外患不入。

2920. 不饥勿强食，不渴勿强饮；不饥强食则脾劳，不渴强饮则胃胀。

2921. 不乐损年，长愁养病。

2922. 一切病在于心；心神安宁，病从何生？

2923. 食淡极有益，五味盛多能伤生。

2924. 不贪为宝，不奢是金。

2925. 凡心静则神悦，神悦则福生。

2926. 恶，犹疾也；改之则益悛，不改则日甚。

2927. 苦言药，甘言疾。

2928. 非莫非于饰非，过莫过于文过。

2929. 改过必生智慧，护短心内非贤。

2930. 勿以恶小而为之，勿以善小而不为。

2931. 激浊扬清，嫉恶好善。

2932. 恶之显者祸浅，而隐者祸深。

2933. 千日行善，善尤不足；一日行恶，恶自有余。

2934. 多思则神怠，多念则精散，多欲则智损，多事则形疲，多语则气促，多笑则肝伤，多愁则心慑，多乐则意溢，多喜则忘错昏乱，多怒则百肠不定，多好则专迷不治，多恶则焦煎无宁。

2935. 知无不言，言无不行。

2936. 心宽，天地就宽。

2937. 无过是一种假想，思考是一种成熟，改过是一种美德。

2938. 要有扬在脸上的自信，长在心底的善良，融进血里的骨气，刻在生命里的坚强。

2939. 不锻炼，身体就不会健康，不管是人体还是政体。

2940. 慎言语，节饮食。

2941. 寿本乎仁乐生于智，勤能补拙俭可养廉。

2942. 玉碎不改其白，竹焚不毁其节。

2943. 反省，是为前进铺路。

2944. 不懈追求才能羽化成蝶。

2945. 忧虑是健康的大敌。

2946. 自卑是悲剧的根源。

2947. 猜疑是破坏性极强的毒素。

2948. 悲伤是一种自戕。

2949. 冷静安详修正果。

2950. 学习要加，骄傲要减，机会要乘，懒惰要除。

2951. 不贵于无过，而贵于能改过。

2952. 处逸乐而欲不纵，居贫苦而志不倦。

2953. 玉不琢不美，人不磨不灵；脑子越磨炼越灵活，心灵越磨炼越透彻，四肢越磨炼越发达，意志越磨炼越坚毅。

2954. 患难困苦，是磨炼人之最高学府。

2955. 志要豪华，趣要淡泊。

2956. 高尚的追求，使生命变得壮丽，使精神变得富有；庸俗的追求，使人生变得昏暗，使青春变得衰朽。

2957. 不积跬步，无以至千里；不积小流，无以成江海。

2958. 品行是一个人的内在，名誉是一个人的外貌。

2959. 只有抛弃往事，才可以面朝未来。

2960. 美德是世上唯一永不凋谢的花朵。

2961. 人格成熟的重要标志是：宽容、忍让、和善。

2962. 心中有善，便能成为好人；心中有恶，就会成为恶人。

2963. 优良的品性是内心真正的财富，而衬显这品性的是良好的教养。

2964. 愈是睿智的人，愈有宽广的胸襟。

2965. 人之心胸，多欲则窄，寡欲则宽。

2966. 少若成天性，习惯成自然。

2967. 习勤忘劳，习逸成惰。

2968. 动辄发怒是放纵和缺乏教养的表现。

2969. 礼貌体现的是细节，细节展现的是素质。

2970. 端庄的仪表，愉快的心情，得体的举止，丰富的知识，都是每个人最好的服饰。

2971. 外貌美丽只能取悦一时，内心美丽方能经久不衰。

2972. 遵循法度，摆脱诱惑，谨慎行事，自加约束，就能变被动为主动。

2973. 人无自制没法活。

2974. 自尊而不自负，平凡而不平庸，实

在而不愚笨，机智而不诡诈，坚定
而不固执，大胆而不大意，勇敢而
不鲁莽，谦逊而不自卑，随和而不
浮漂，开朗而不放纵。

2975. 心如规矩，志如天衡，平静如水，
正直如绳。

2976. 戒骄戒奢，守本克欲。

2977. 富有而不贫穷，快乐而不烦恼，真
诚而不受骗，善良而不被欺，勇敢
而不鲁莽，因为有智慧。

2978. 经得起各种诱惑和烦恼的考验，才
算达到了最完美的心灵的健康。

2979. 名节重泰山，利欲轻鸿毛。

2980. 礼貌是内心品德的外在表现。

2981. 善良是心理养生营养素，宽容是心
理养生调节阀，乐观是心理养生不
老丹，淡泊是心理养生免疫剂。

2982. 以自然之道，养自然之身。

2983. 有规律的生活是健康与长寿的秘诀。

2984. 慎起居、节饮食，导引关节，吐故

 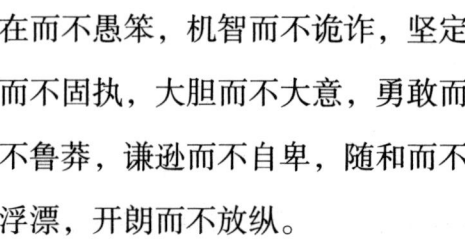

纳新。

2985. 预防胜于治疗。

2986. 合理膳食、适度运动、心情舒畅是健康的三大基石。

2987. 节制和运动是两个真正的医生。

2988. 劳逸结合，张驰有致。

2989. 生命在于运动。

2990. 运动是健康的源泉，也是长寿的秘诀。

2991. 快乐就是健康，忧郁就是疾病。

2992. 恼一恼，老一老；笑一笑，少一少。

2993. 心情愉快是健康的增进剂。

2994. 无忧者寿。

2995. 不加选择地应酬来往，只会导致时间的浪费和心性的庸俗化。

2996. 问渠哪得清如许，为有源头活水来。

2997. 从善如流是胸怀，应有海纳百川的气魄；从善如流是境界，当有登高望远的眼光；从善如流是水平，常在理智的选择中增长本领。

2998. 群居守口，独居守心。

2999. 要想走得远，必作于细；细节虽小，积之必巨。

3000. 始终敬民敬法、慎独慎欲、知足知耻、自重自省自警，真正扣好人生每一粒扣子。